COLLECTION POÉSIE

JOHN DONNE

Poèmes

Traduits de l'anglais
par Jean Fuzier
et Yves Denis

Introduction
de Jean-Roger Poisson

ÉDITION BILINGUE

nrf

GALLIMARD

INTRODUCTION

Ces pages sont pour présenter quelques poèmes français qui traduisent les meilleurs de Donne, 1573-1631, l'un des dix ou douze grands poètes anglais, et le premier des « métaphysiques ».

I

Qu'est-ce que « poète » et que « métaphysique »? La poésie est une manière d'écrire ce qu'on sent ou qu'on pense qui est plus régulièrement rythmée que la prose, et qui, généralement, contient plus d'images. Plus peut-être que dans la prose on s'attend à ce que certaines parties évoquent le sentiment ou la pensée, plus ou moins confuse, de l'unité de toutes choses, dont nous faisons partie, mais que nous avons le privilège de percevoir. Cette unité, les uns l'attribuent à la présence dans ce monde ou hors de lui d'un créateur ou régisseur qu'ils nomment Dieu; pour d'autres, c'est l'homme qui, à partir d'une « énorme accumulation de données irrémédiablement contingentes » où nous débouchons au hasard de notre « aventure corporelle », façonne un cosmos cohérent. Quand le poème s'élève à ce point, nous disons qu'il y a « poésie pure »; nous nous attendons à ce qu'un certain bonheur d'expression réponde au bonheur afférent à cet état, l'euphonie répondant à l'euphorie. C'est alors que les images jouent pleinement leur rôle de témoins locaux de la relation de tout si puissamment sentie.

Il y a trente ans environ, on a voulu identifier poésie pure et prière. Mais il est vrai que cet état n'est pas exclusivement réservé aux mystiques. Le savant le connaît, Descartes comme Pascal; ils l'interprètent seulement de façon différente, s'efforçant d'y reconduire leur prochain, l'un par un « Traité du Monde » largement mathématique, l'autre par l'« Apologie du Christianisme », qu'il n'acheva point. Saint Jean de la Croix, le plus grand des mystiques espagnols, selon Jean Baruzzi, jalonne de brefs poèmes le chemin qui mène au point pur. C'étaient presque des contemporains de John Donne : Saint Jean mourut en 1591, Pascal naquit en 1623.

Trois cents ans après la naissance de Descartes, Valéry essaya de se placer, et de nous placer, dans « l'attitude centrale à partir de laquelle les entreprises de la connaissance et les opérations de l'art sont également possibles », celle de Léonard de Vinci. Cela fait, tous les héros de la science, de la littérature et de l'art, voire même de l'épée, devinrent à ses yeux autant de poètes, c'est-à-dire de créateurs, ou, comme il préfère dire de constructeurs. Il put alors définir les penseurs comme « des machines à effectuer le plus grand nombre de combinaisons idéales, soit sous forme de définitions, soit de rapprochements peu probables, parmi lesquels il s'en trouvera de divertissants et peut-être d'utilisables ».

Pascal avait déclaré de même que tout ce qui n'est pas axiome ou déduit d'axiome s'appelle « tantôt vision, tantôt caprice, parfois fantaisie, quelquefois idée, et tout au plus belle pensée ». Le jeu de l'intelligence aboutit en effet à de l'esprit, que voici défini et placé plus brièvement que par Voltaire ou Cowley dans son « Ode to Wit », ou bien à de l'utilisable, des « recettes utilisables », qui sont, selon Valéry, la science proprement dite : ces rapports-là sont « probables » et prouvés ou vérifiés par l'expérience; le reste, comme dit l'autre, « est littérature ».

Mais la ligne de démarcation ne fut pas toujours aussi nette : Sans remonter jusqu'au XIIIe siècle, au Grand Albert et au premier Bacon, le Léonard de Valéry, le Faust chanté par Marlowe et Gœthe, son cadet Paracelse et Francis Bacon n'étaient pas rigoureusement « scientifiques ». Paracelse considérait que le latex jaune « porte la signature du foie », et doit, conséquemment, guérir les hépatiques. Il prenait pour un rapport scientifique ce qui n'était qu'une image poétique (du type « blond comme les blés ») des plus évidentes, car certaines « correspondances » sont subtiles. Ces errements subsistèrent, même après Descartes et la fondation de la Royal Society en 1669, et Newton n'en fut pas exempt.

Si on les eût taxés de poésie, ces savants, du chercheur d'or et d'élixir vitæ à l'homme de la gravitation, eussent pu répondre, ou nous répondrons pour eux, car beaucoup de « fantaisies » ont été vérifiées par la suite, que tout est dans tout, et qu'il n'est pas prouvé que « l'improbable » demeure tel. Déjà Hamlet, ce garçon sans âge qui avait peut-être suivi à Wittenberg les cours que Faust y a peut-être bien faits, savait dire « qu'il y a plus de choses au ciel et sur la terre que n'en soupçonne votre philosophie ».

La poésie « métaphysique », qui repose sur cette indécision, devait donc trouver dans la pensée du XVIe et du XVIIe siècle un excellent terreau où s'épanouir. Elle était en effet partagée entre religion et humanisme, entre la science médiévale (l'officielle et la clandestine), et la science moderne, qu'on la fasse commencer avec Léonard (1452-1519), Bacon (1561-1626) ou Descartes (1592-1650), cette science pleine d'orgueil et d'espérance dont les conquêtes répondaient aux découvertes d'un continent nouveau, et pour l'Angleterre à l'acquisition d'un empire colonial. Dieu et le Diable n'en subsistaient pas moins, et il y avait encore à choisir entre plusieurs credos et hérésies, dont quelques-unes envisageaient de façon plus optimiste que le christianisme les rapports de ces « deux Grands ».

Les poètes sont donc à la tête d'un énorme trésor d'images, de « correspondances », de rapports scientifiques ou présumés tels, qu'on peut bien appeler « métaphysiques », puisque la nature ne les porte pas écrits sur son visage comme les comparaisons d'autrefois (cheveux et blé, lèvres et cerises), mais qu'il faut les découvrir par un effort d'abstraction. Leur poésie sera donc à la fois, tout ce que disent Pascal et Valéry, et très excitante pour l'esprit, dont elle requiert une agilité peu commune. Il y a aussi le plaisir de deviner : quand un maître-baigneur relève à la verticale les bras en croix d'un plongeur novice, et que Giraudoux remarque : « suggestion janséniste », il est doux au lecteur de penser que tout le monde ne connaît pas les christs aux bras étroits.

Donne a grandement aidé à constituer, ou à affecter à la littérature, ce magasin d'images. Il y plonge avidement des mains toujours fébriles pour dire le déroulement de sa propre tragédie, celle, éminemment représentative, d'un douteur qui, moins encore que l'illustre disciple de Montaigne, son aîné de dix ans, William Shakespeare, ne trouva point dans le doute un mol oreiller.

2

L'Université, certains académiciens, et Hollywood, s'adonnent encore au jeu futile de « camper », comme ils disent, un personnage. Nous ne nous y essayerons point. C'est une ombre, « seen through a glass darkly » que ce Donne dont l'unique portrait nous montre un visage émacié, au front haut, à la bouche aussi sensuelle qu'on s'y attendait, enlaidi par un nez bulbeux et des yeux un peu exorbités. Rappelons les quelques faits connus, à quoi on n'a guère ajouté depuis la courte « Vie » de Walton, publiée en 1670.

Son père était un marchand aisé; sa mère venait d'une famille distinguée de juristes et de littérateurs, catholique et persécutée. Il fut élevé dans cette foi par des précepteurs jésuites à Oxford, où l'on voyait en lui un autre Pic de la Mirandole, il lut les mystiques espagnols. A Cambridge, ses études de droit et de théologie développèrent son goût pour la logique et son universelle curiosité. Quand il entra à Lincoln Inn, en 1592, il semble qu'il n'était plus catholique.

Ses six années de vie de garçon, à Londres, furent peut-être aussi libertines que son œuvre d'alors; et les remords qu'il exprimait trente ans plus tard le laisseraient supposer. Certains attribuent l'amertume de ses Satires contre les gens de loi, d'Église et de Cour, aux inquiétudes d'un jeune homme doué qui craint que ses antécédents n'ouvrent point les « carrières » à ses « talents ». Il se peut aussi que ce qui l'entourait l'ait écœuré.

Sauf qu'il assista avec Essex, promis à l'échafaud, à la victoire de Cadix en 1596, son premier poste fut le secrétariat de Sir Thomas Egerton. En 1600 il épousa secrètement la nièce de ce dernier, Ann More, dont le père les sépara, et fit emprisonner quelque temps le poète. Ce fut un mariage heureux, malgré la misère, la maladie, et la charge de onze enfants. Si l'on ne peut que supposer que certains poèmes pleins de tendresse sont dédiés à Anne, Walton témoigne de la douleur de Donne lorsque sa femme mourut, en 1616, en mettant au jour leur douzième enfant. Donne se reprocha toujours d'avoir voué sa jeune femme à la pauvreté, de l'avoir « transplantée dans un sort si misérable ».

Car ils furent très pauvres durant ces seize années. Donne hésitait entre les carrières civiles et ecclésiastiques. Dès 1607, le futur évêque de Durham, pour le compte de qui, se gavant de droit canon, il rédigeait des pamphlets contre les Jésuites, lui proposait d'entrer dans les ordres. Peu après, il écrivait ses premiers poèmes religieux. Une affection, dont on ne connaît pas la nuance exacte, l'attachait à Madeleine Herbert, la mère du poète Georges (1593-1633) qui fut son disciple et son ami, et que marquait, comme sa mère, une grande sérénité dans la foi.

Sur l'autre route, il ne rencontrait ni la fortune ni la poésie. Mais il y trouvait une autre « amie », la comtesse de Bedford, s'attachait à la petite cour littéraire qui l'entourait à Twickenham, et y exerçait le métier de poète lauréat. Il célébra la mort de Miss Élizabeth Drury, dont le père l'emmena sur le continent dans sa suite; celle du prince Henry (qui fut l'occasion d'un vrai concours de poésie mortuaire); celle de lord Harrington, surtout connu comme inventeur des water-closets). Il chanta de même le mariage de la princesse Palatine, future correspondante de Descartes, et celui, scandaleux, de la comtesse d'Essex et de lord Rochester. Mais quand, pour prix de ces travaux, ce dernier, promu Lord Somerset, le présenta au Roi, ce fut encore l'ordination qu'on lui offrit, et qu'il accepta, en 1615.

Les seize dernières années furent donc vouées au deuil. Comme le dit Walton, citant Donne au passage, « son âme n'avait désormais d'autre élément que la douleur. Désormais la douleur possédait si parfaitement son cœur qu'il n'y restait nulle place pour la joie; ou bien c'était la joie d'être seul pour gémir, comme le pélican au désert, sans témoin ni contrainte, pour répandre à flots sa souffrance comme Job aux jours de sa misère : Dieu me donne le bien à quoi j'aspire, alors, comme la tombe est sa demeure, je voudrais me hâter d'en faire aussi la mienne, ainsi que nous couchions ensemble dans le noir. Ainsi parlait-il, au début du jour comme à la fin de la nuit ». Il travaillait prodigieusement, à l'admiration de quelques amis choisis, dont Walton, Herbert, et le petit poète Henry King, qui fut évêque de Chichester, et qu'il recevait chaque samedi. C'est de ces méditations que montèrent quelques poèmes sacrés égaux aux plus beaux de ses vers d'amour, et les sermons les plus émouvants parce qu'ils étaient les plus personnels, comme ce discours sur la mort qu'il prononça presque *in articulo mortis*. King écrivit :

Comme un cygne mourant naguère tu chantas
Ta funèbre élégie en présence du Roi.
La pâleur de ton front, le souffle de ta voix,
Mirent dans ce tableau de la Mort tant de vie
Que chacun en tremblant fit cette prophétie
Qu'en ce lieu tu venais célébrer tes obsèques...
Et tes nobles accents victorieux rythmaient
Le progrès solennel de ton navrant retrait.

3

Les poèmes sont les « monuments d'un moment », disait Rossetti; « une anthologie des moments d'une vie », disait Valéry. Mais certains poètes visent à une vie généralisée; comme Hugo-Olympio ils veulent réaliser une version du « poème de l'homme ». C'est ce qu'avaient fait Dante et Shakespeare, ce que fera Milton. Donne est plus personnel. Pour lui, pour un Baudelaire, les poèmes sont bien les jalons d'une autobiographie sous-entendue. On voudrait pouvoir les rattacher à ce rhizome qui les porta. Ce n'est malheureusement pas possible, et c'est pourquoi toutes les dissertations sur la « sincérité » de Donne sont un exercice tout académique, dans les différents sens de ce mot.

Hormis l'assez oiseuse poésie « officielle », nous ne pouvons rien dater assez précisément. Si on les prend dans leur ensemble, il est vraisemblable que les Satires précèdent les Élégies, qui elles-mêmes précèdent les Songs and Sonnets. Mais on ne sait dans quel ordre lire les poèmes d'amour, ni à qui ils s'adressent au juste, ni si ceux qui nomment Mrs Herbert et Lady Bedford sont en fait des poèmes d'amour.

On en est donc réduit à considérer ces pièces comme « dramatiques » au sens de Browning, « propos d'autant de personnages qui ne sont pas le poète », à y trouver sinon un planisphère de l'amour, du moins un itinéraire à travers ce pays.

Dans les *Satires*, l'amour, ou les relations avec la Femme, ne sont nullement le thème unique. Elles se moquent des cheveux en quatre des chats-fourrés et théologiens, de l'affreux arrivisme de la Cour, de la manie des voyages sur le continent, où l'on rencontre les étrangers, les ennemis, avec leurs vices et leurs hérésies; car le polémiste appointé et le futur apologiste de la via media anglicane apparaissent déjà. Il y critique aussi les femmes de tout rang, faciles et hypocrites, car le puritanisme a commencé ses ravages. Il continue dans quelques *Elégies*, dans quelques *Songs and Sonnets*, s'attachant à dépeindre la laideur morale et physique de certains, avec des accents qui annoncent Swift et Baudelaire. Mais ce genre de peinture était déjà traditionnel, et même si quelques anecdotes sont singulièrement vivantes, cela ne veut pas dire qu'elles aient été vécues.

Nous mettrons au début les poèmes des amours manquées, faute de réciprocité et de générosité, comme les poteries brisées d'un maître émailleur qui laissent voir ce que sera l'œuvre parfaite, et ici l'amour heureux et partagé. Cet amour a une forte base physique. Rien n'est plus sain que la sensualité épanouie dans l'*Elégie* où le poète découvre sa maîtresse, au sens propre et figuré, comme une délicieuse Amérique, et évoque si carrément ses caresses. Il disait :

L'amour n'est point si pur ni abstrait que s'amuse
A le chanter celui qui n'aime que sa Muse.

(On aimerait un verbe plus vigoureux, cher à Théophile, dût-on le suggérer par les astérisques traditionnelles.) On voudrait espérer, contre certains critiques, que Donne n'entendait point comme une facétie « l'Extase », cette apologie de l'amour charnel sans quoi l'autre ne saurait naître.

Sinon un Grand Prince est captif.

En 1954, un journal anglais, cité par les sottisiers de ses confrères écrivait encore que « l'amour n'est pas toujours sans relation avec la sexualité ». Il n'est donc pas étonnant que Donne ait écrit ce poème, bien audacieux si l'on pense à la situation extrêmement délicate où se trouverait le témoin de la fin, celle même où Tom le Voyeur perdit la vue à Coventry.

Mais toutes ces idées précieuses sur l'identité, l'échange des cœurs, reflètent une vérité profonde, à savoir que c'est par l'amour qu'on sort de la prison du Moi, qu'on aime autrui plus que soi-même. C'est peut-être le vrai chemin de la Charité. Au terme, Polyeucte dira, de façon maladroite et dure, mais forte :

. . . . . je vous aime
Beaucoup moins que mon Dieu, mais bien plus que moi-même.

De même, Donne, s'adressant à son Dieu, et parlant d'Anne morte :

L'admirer ici-bas me fit l'âme aiguisée
A ta quête, mon Dieu, dans son fleuve aperçu.

4

Si nous négligeons les terres arides de la poésie officielle, il faut faire état de la poésie en prose des *Sermons*.

Marchant avec une fermeté peut-être durement voulue dans la Via Media anglicane, Donne soutenait le roi et son droit divin contre les partisans du pape à l'extérieur et les puritains à l'intérieur. Partisan de la raison il en savait les limites et, n'était pas de « ces gens de bon sens qui considèrent l'Église anglicane comme une branche de l'Administration, et l'archevêque de Cantorbéry comme le ministre des affaires surnaturelles ». Contre papistes et puritains, il voulait une religion sans rituel, mais pleine d'ordre, de beauté, de dignité dans son décor et dans son verbe : les Écritures ne sont-elles point des poèmes rythmés et imagés, témoin Ezéchiel, « si plein de profondeur et de mystère ? » Il faut donc offrir des images, et « nulle n'est trop haute, nulle trop humble ». Enfin il faut que la foi soit reçue en pratique : « Dieu donne parfois à la vie d'un homme tout simple et ordinaire autant de puissance qu'au sermon le plus éloquent. »

Dans le cadre de ces principes, il mettait l'accent sur le Mystère de Jésus, Incarnation, Passion, Résurrection. Comme les peintres baroques il peignait avec un luxe de cruauté les souffrances du Christ, et il y mêlait les siennes propres. C'est encore en pensant à lui qu'il menait l'auditeur des profondeurs du péché aux félicités éternelles, suggérant volontairement ou non que le Ciel est mieux assuré aux violents, aux plus grands pécheurs.

Les poèmes religieux s'épanouissent au-dessus de cette prose poétique. Certes, il en est qui sont un peu conventionnels, meublés de rhétorique, faits d'images enfilées. « La Croix » est un catalogue d'images bizarres, dont une sportive : « Chaque brasse fait du nageur sa propre croix. » « La Corona », « la Litanie » racontent objectivement la vie et la mort du Dieu fait homme. Les *Sonnets sacrés* la revivent, entretien et prière :

« Mon cœur de fer attire à toi comme l'aimant. Satan ne saurait me saisir puisque je t'appartiens. Le temps de mon idolâtrie ne m'a rien donné que douleur et remords. Qu'aux feux de la luxure succède ta flamme purificatrice. Que mes péchés sombrent avec mon corps tandis que l'âme s'envole.

Mais encore, laisse-moi le temps du repentir. Sous quel jour voit-on d'en haut une âme comme la mienne ? Serai-je damné quand la Chèvre lubrique, le Serpent envieux, ne le sont point ? Mort, il faut que tu meures à ton tour.

Fouettez-moi, Juifs, et me percez le flanc : mes péchés surpassent les vôtres, car je crucifie chaque jour non l'inconnu, mais Dieu dans sa gloire. Mais, Christ, tu as trop de beauté pour n'y pas joindre la bonté. Emporte-moi comme une place rebelle, fais-moi esclave pour me libérer. Dieu a trop fait, se faisant homme, pour ne pas vouloir me sauver.

Que le dernier en date de tes testaments, qui est tout amour, soit comme il sied, le seul valide. C'est par l'amour de celle que j'ai perdue que je t'ai trouvé. Fais qu'entre les Églises je trouve celle qui est le plus selon l'Esprit, la plus ouverte.

Ainsi je varie, plein d'amour et de crainte tour à tour, et plus heureux aux jours de crainte. »

De ces paroles, que nous paraphrasons, selon la méthode chère à Walton, et qui représentent le sommet de la laborieuse ascension de Donne, nous entrevoyons ce que sera la foi de poètes futurs. Nourri de croyances parallèles au Christianisme, mais plus optimistes, ne les laisse-t-il pas transparaître ? Ne voudrait-il pas sauver l'amour physique ? Cette « chèvre lubrique » n'est-elle pas celle-là même qui, dans Blake, fera partie de la « gloire de Dieu » ? Ne s'achemine-t-il pas, quant au mystère de l'Incarnation vers la pensée que Browning suivi par Hardy, (et Kathleen Raine) tira de lui ? L'Incarnation, qu'elle ait eu lieu ou non, était *nécessaire ;* quand la Toute-Puissance épouse la suprême faiblesse et le sort humain, elle atteint à la plus haute valeur :

C'était beaucoup qu'il eût fait l'homme à son image,
Mais que Dieu prît les traits de l'homme, davantage.

S'élevant, comme dans Corneille, d'amour généreux à charité, il célébra pour finir l'amour et la communion de tous : « L'homme n'est pas une île séparée, il fait partie d'un vaste continent », et, « Ne demande jamais pour qui sonne le glas, c'est pour toi-même ». Et son Église ouverte à tous, c'est la religion « ouverte » dont parle Bergson dans « les Deux Sources ».

5

Ce chemin que nous avons suivi, il est toujours fleuri d'une profusion d'images. Il est utile et agréable, négligeant les thèmes, de visiter ce monde d'images. Caroline Spurgeon l'a fait pour celui de Shakespeare. A côté de la pensée qu'exprime le texte, leur seule présence en proclame une autre, cette unité, cette cohérence intelligible du « Grand Registre de Dieu », comme aimait dire le disciple King, qu'on en rende ou non grâces à Dieu.

Un des meilleurs critiques de Donne, Evelyn Simpson, énumère plaisamment ces termes de comparaison :

« Cercles, cartes, gravures, éléphants, baleines, puces, découvertes antillaises, théories scolastiques sur la nature des anges. »

Ajoutons : compas et boussoles, ancres et orgues, la quadrature du cercle, le serpent comme image du Rédempteur, sans oublier les images familières, car « rien n'est trop haut, ni trop bas ». Bref, toute la théologie et la science, moderne ou médiévale, orthodoxe ou non; mais aussi tous les aspects de la société humaine à tous ses étages, carrières libérales, armée et église, monde de l'artisanat. Remarquons en passant que si le « monde d'en haut » et le monde humain sont présents, c'est la nature qui manque le plus : Donne est un des premiers poètes essentiellement urbains.

Par la présence des images, « la scène est à l'univers », et l'aventure personnelle s'en trouve élargie en poème de l'homme, comportant, selon Hugo, que nous paraphrasons : « Le moi du poète, l'homme éternel, l'homme tel qu'il varie dans l'espace et le temps, placés entre la Nature et Dieu, le tout restant une profonde peinture du moi. » Et c'est la raison véritable pour laquelle, entre 1910 et 1920, le « consensus gentium » a pu décider de mettre Donne parmi les plus grands poètes anglais ou européens, entre son prédécesseur Dante, et son successeur immédiat, Milton (1608-1674) aux côtés de Shakespeare.

Ce n'est pas à dire que l'utilisation des images soit toujours parfaitement heureuse. De Quincey disait fort bien à propos des longs poèmes « officiels » sur Miss Drury, que

« des diamants massifs forment la substance même de son poème, des pensées et conceptions qui ont la sublimité d'Ezéchiel et d'Eschyle, tandis que, poussière de diamant, des brillants de rhétorique saupoudrent tous ses vers et proses de circonstances ».

De même, l'évêque King parlait, usant encore d'une image scientifique, de « fixer » les images comme l'alchimiste fixe une substance volatile en la mariant à un fluide ou à un solide, de « dire des choses et non des mots », de « lester l'esprit de jugement ».

Moins il est inspiré, comme dans ces poèmes où il célèbre une fois de plus le convol ou le décès d'une dame, plus les « diamants massifs » sont rares : c'est une toute petite idée, souvent gratuite, qui est au centre; le reste est antithèses imbriquées ou perles enfilées. « La Croix », hélas, est de cette mouture. Mais la « Chevauchée vers l'ouest », conçue sur la route du château de Montgomery où résidait Mrs Herbert, est une méditation profonde sur le couchant du jour et celui de la vie. Nous avons dit qu'il y a une idée d'importance derrière le jeu des cœurs échangés; ou dans les paroles au Soleil :

Luis sur nous seulement, et plus rien n'est obscur,
Car ce lit est ton centre, et ta sphère ces murs.

parfaite expression de l'égoïsme éperdu des amants heureux, qui peut d'ailleurs se transcender.

Ces exemples nous ont fait passer du grave au doux : « combinaisons quelquefois divertissantes », mais toujours suggestives pour l'esprit; et comment les refuser? Ici intervient d'ailleurs une autre constante de la « manière » de Donne : le style est toujours « colloquial », de la conversation, parlé, familier. C'est, au reste, une des principales caractéristiques du temps, relevée par Huxley (They are colloquial with God, etc.). Comme chez Browning, ainsi que l'avait remarqué Emile Legouis, grand professeur et aussi poète, chaque poème fait sentir la présence d'un interlocuteur ou interlocutrice : les caresses la sculptent pour nous dans « Le Coucher de sa maîtresse ». C'est pourquoi T. S. Eliot, dans un article sur les Métaphysiques, où la comparaison (comme celles de Donne) étonna d'abord un peu, avait raison de faire allusion à Laforgue, maître du style parlé.

Bref, alors que l'image généralise et « élargit » le poème de Donne, ce ton familier lui donne son caractère extrêmement personnel et vécu :

Quand le poète peint l'enfer, il peint sa vie.

6

La vie de Donne ne s'est arrêtée ni en 1631, ni en 1633, date de la publication de ses poèmes.

Il s'agit, dit Mallarmé, d'écrire « un Livre, le Livre ». Tous les siècles y ont collaboré « dans un immense concours pour le texte véridique » impossible à trouver, « les langues (il est bon de rappeler ces mots d'un expert en présentant une traduction) imparfaites en cela que plusieurs, manque la suprême », et parce que « le discours défaille à exprimer les objets par des touches y répondant en coloris ou en allure... conférant à *jour* comme à *nuit* des timbres obscurs ici, là clair ».

« Tel qu'en lui-même enfin l'éternité le change », dit encore Mallarmé, et d'abord la postérité, Donne n'est pas tout à fait lui-même sans ses fils. Nommons surtout Herbert, autre prêtre anglican dont la vie fait pendant à la sienne, comme se correspondent les deux poèmes intitulés « La Tempête » et « la Bonace ». Marvell, puritain, plus sensible à la nature, prompt d'ailleurs à voir dans une colline ronde et un « lawn » lisse un parfait hémisphère et un plan géométrique. Nous avons dit que Browning l'avait imité, devenant l'autre grand poète de l'amour, encore que bien timide à l'égard de l'érotisme. Plus près de nous, T. S. Eliot, Dylan Thomas, se sont inspirés de lui. Tous ont pratiqué la vraie critique, « la Critique des Maîtres », comme l'appelle Thibaudet, « cherchant dans l'œuvre faite l'œuvre parfaite », et l'accomplissant, ajoutait Ezra Pound, dans leurs pastiches, leurs traductions, leurs œuvres plus personnelles.

Mais ce qui nous intéresse également, c'est que d'autres se sont trouvés sur ce même chemin qui va d'amour à générosité, de charité à religion « ouverte »; c'est, selon T. S. Eliot, le plus intéressant de cette science mal définie, le cul entre plusieurs selles, qu'on appelle « littérature comparée ». Nous avons fait allusion à Blake, s'efforçant de replacer l'amour physique dans le cadre d'une vie spirituelle. Nous pourrions ajouter le nom de ce *Faust* qui commence par l'aventure avec Gretchen et finit par ces mots : « Das Ewig-Weibliche zieht uns hinan ». L'ombre de Donne est donc bien vivante, dans son pays et ailleurs.

Il est particulièrement intéressant, avant de « naturaliser » le poète, d'aborder la question : Y a-t-il eu un Donne français? On la pose fréquemment depuis un quart de siècle environ, et cherchant un Donne, on a retrouvé pas mal de poètes français considérables, dont La Ceppède (1550-1622) et Sponde (1557-1595).

Si l'on savait bien ce que l'on cherche, il faudrait peut-être partir, pour aboutir, fût-ce provisoirement, aux vers de « Polyeucte » que nous avons cités, d'un sensuel et tendre sonnet de Ronsard où la peur de la vieillesse et de la mort est plus vécue qu'ailleurs : pareil au lierre,

Je voudrais, comme il fait, et de nuit et de jour,
Me plier contre vous, et, languissant d'amour,
D'un nœud ferme enlacer votre belle colonne.

Mais tel antérieur dizain de la *Délie* (1544) de Maurice Scève nous rappellera un peu « le Rêve » :

Mes songes, lors, je crus être devins.
Car en mon corps, mon âme, tu revins,
Sentant ses mains, mains célestement blanches,
Avec leurs bras mortellement divins
L'un couronner mon col, l'autre mes hanches.

Sponde nous donnerait une rêverie très métaphysique, avec son levier d'Archimède, sur la puissance de l'amour :

Tu disais, Archimède, ainsi qu'on nous fait croire,
Qu'en te donnant un point pour te mieux soutenir,
Tu branlerais le monde et le ferais venir...

. . . .

Pour branler tout le monde et t'assurer d'un point,
Il te fallait aimer aussi ferme que j'aime.

Un passage du même Sponde sur l'ambition et le « divertissement » mérite d'être cité pour ses étranges adjectifs :

Qui sont, qui sont ceux-là, dont le cœur idolâtre
Se jette aux pieds du monde et flatte ses honneurs ?
Et qui sont ces valets, et qui sont ces seigneurs
Et ces âmes d'ébène et ses faces d'albâtre ?

Vers la fin du *Contemplateur*, Saint-Amant s'imagine le Jugement Dernier, sur lequel s'interroge Donne dans le sonnet XIII (« Si jamais cette nuit le monde allait finir... »)

L'asbeste passe pour fétu,
La mer brûle comme eau-de-vie,
L'air n'est plus que soufre allumé,
. . . .
Les métaux ensemble fondus
Font des rivières précieuses,
. . . .
L'unique oiseau meurt pour toujours,
La nature est exterminée.

Mais rien n'est plus étrange et sublime, « strange and high », que le « Vexilla Regis » de La Ceppède, forte méditation sur la Croix, où les paradoxes sont les essentiels paradoxes chrétiens eux-mêmes :

Les cornettes du Roi volent par la campagne.
La Croix mystérieuse éclate au nouveau jour,
Où l'auteur de la chair de sa chair s'accompagne,
Et fait de son gibet un théâtre d'amour...
. . . .
Arbre trois fois heureux qui vois pendre à tes branches
La rançon de ce Tout, tu balances ce corps
Qui nos péchés balance. En toi sont nos revanches,
Tu reprends sa reprise au Corsaire des morts...
. . . .
Trin-un qui nous sauvez par cette Croix sacrée,
Guidez-nous, guindez-nous au sublime repos.

Il n'est pas besoin de souligner qu'il a fallu écrémer un siècle de poésie, de *Délie* (1544) à *Polyeucte* (1643) pour trouver, affreusement distendu et dilué, un Donne. Les petits brillants sont avarement montés en épingle; il manque la chaleur, le ton personnel, la familiarité. Même si nous allions jusqu'à Racine, ce serait encore vrai.

Cette tension qui nous manque, nous la retrouverions, avec toute l'imagerie métaphysique (Eliot a raison), chez Baudelaire, Mallarmé, voire Valéry, avec beaucoup de sensualité dans les très intimes *Bijoux,* ou dans :

Ils gémissent ; la terre appelle doucement
Ces grands corps chancelants qui luttent bouche à bouche,
Et qui, du vierge sable osant battre la couche,
Composeront d'amour un monstre qui se meurt.

Mais le point d'arrivée n'est pas le même : paradis esthétique de *Bénédiction,* froide constellation du *Coup de Dés,* spire « qui d'un cœur sans amour s'élance au seul honneur », de *Sémiramis.* Si l'on met à part la « divertissante » *Ebauche d'un Serpent,* il se peut qu'avec Valéry nous sortions de l'âge métaphysique de la poésie pour entrer dans son « âge positif ».

Que Donne ait pu devancer toute la poésie métaphysique, c'est évidemment le suprême éloge qu'on puisse lui décerner, que la postérité lui a décerné.

7

Les traducteurs ont, à vrai dire, rassemblé comme les fragments d'Osiris (Donne eût aimé l'image), ce poète écartelé qu'est le Donne virtuel. Ces fragments, dont nous avons donné une anthologie express, se substituaient pour eux au vieux dictionnaire de rimes : ils possédaient du siècle en question (1544-1643) une connaissance exceptionnelle de nos jours. C'est avec ces textes, et celui de Donne en tête, que, cherchant à dégager et rhabiller le sens, en écoutant bruire les mots qui se pourchassent, et battre comme un métronome le rythme choisi par Donne, ils ont fait, de façon sensiblement plus compliquée le « travail d'Arachné » si bien décrit par Valéry.

Certes, ils n'ont pas pu ne pas souffrir « des langues imparfaites en cela que plusieurs ». Comment traduire ces ambiguïtés chères aux métaphysiques sur lesquelles le poète William Empson a écrit tout un volume? « Allay » est à la fois « alliage » et « allié » dans *l'Extase*, donc « utile alliage ». C'est un exemple entre cent.

L'auteur des présentes pages s'est borné à tourmenter ses deux amis, débusquant ces double-sens, parfois, et exigeant qu'ils fussent traduits. Chez l'un il pourchassait les « chevilles », la « bourre », comme disait Malherbe, dont il imita le mauvais caractère. L'autre aimait trop les douceurs précieuses, et on lui rappela constamment que le style parlé de Donne est « casse-mâchoire » (jaw-breaking) et tendu précisément comme celui de Mallarmé. S'il a fourni des solutions, sa part est suffisamment limitée pour qu'il puisse dire tout le bien qu'il pense de ces traductions. Elles sont belles et fidèles. La limite du possible est atteinte dans « l'Extase » : le quatrain octosyllabique est une plate-forme étroite où l'on ne peut se retourner que par un saut périlleux. Nous oserons dire qu'un certain nombre d'entre elles sont des poèmes français authentiques, ceux qu'eût peut-être écrits Donne, s'il avait été bilingue comme Rilke. Quant à l'ensemble, c'est un exemple éminent de cette « Critique des Maîtres » dont nous avons parlé plus haut, et dont la traduction fait partie.

Nous souhaitons que les amis des « grotesques », des « baroques », des « précieux » du XVIe et du XVIIe siècle prennent à lire ce métaphysique franco-britannique qui vient de naître, le plaisir longtemps réservé aux anglicisants. Nous espérons qu'il conserve le meilleur de Donne : excluant les poèmes officiels, », on a traduit environ la moitié des ÉLÉGIES, CHANSONS ET SONNETS, et SONNETS SACRÉS, ordonnant les pièces dans le sens d'une ascension spirituelle, à partir des poèmes les plus « noirs » sur les amours manquées, ascension où les corps ont leur part, « Progrès de l'âme »,) pour emprunter un titre à Donne.

Datons ce travail de la ville où Donne a passé une fois, et d'où il a écrit, pièce de circonstance qui ne fera pas regretter les autres, une « lettre à Lady Carey et Mrs. Essex Rich », où, pour ne pas se singulariser en

« *Ces lieux où tous les saints sont par tous invoqués* »

il la canonise en *terza rima*.

Amiens, 1954-1955

JEAN-ROGER POISSON.

Élégies

(ELEGIES)

Le texte reproduit ici est, à une ou deux leçons près, conforme à celui de l'édition des poèmes complets établie en 1912 par Sir Herbert Grierson. L'orthographe et la ponctuation originales ont été respectées.

ELEGIE I : JEALOSIE

Fond woman, which would'st have thy husband die,
And yet complain'st of his great jealousie;
If swolne with poyson, hee lay in'his last bed,
His body with a sere-barke covered,
Drawing his breath, as thick and short, as can
The nimblest crocheting Musitian,
Ready with loathsome vomiting to spue
His Soule out of one hell, into a new,
Made deafe with his poore kindreds howling cries,
Begging with few feign'd teares, great legacies,
Thou would'st not weepe, but jolly,'and frolicke bee,
As a slave, which to morrow should be free;
Yet weep'st thou, when thou seest him hungerly
Swallow his owne death, hearts-bane jealousie.
O give him many thanks, he'is courteous,
That in suspecting kindly warneth us.
Wee must not, as wee us'd, flout openly,
In scoffing ridles, his deformitie;
Nor at his boord together being satt,
With words, nor touch, scarce lookes adulterate.
Nor when he swolne, and pamper'd with great fare,
Sits downe, and snorts, cag'd in his basket chaire,
Must wee usurpe his owne bed any more,
Nor kisse and play in his house, as before.
Now I see many dangers; for that is
His realme, his castle, and his diocesse.
But if, as envious men, which would revile
Their Prince, or coyne his gold, themselves exile
Into another countrie,'and doe it there,
Wee play'in another house, what should we feare?
There we will scorne his houshold policies,

ÉLÉGIE I : JALOUSIE

Folle, qui voudrais voir mortelle maladie
A l'époux dont pourtant tu hais la jalousie!
S'il gisait sur son lit, à l'heure d'oraison,
Le corps couvert de croûte et gonflé de poison,
Halenant court et dru, comme un maître de flûte
Qui une succession de noires exécute,
Prêt à cracher son âme en ses vomissements
Dans un nouvel enfer, pour de nouveaux tourments,
Assourdi par les cris des siens inconsolables
Dont les feints pleurs quêtent des biens considérables
Tu montrerais autant de joie et de gaîté
Que l'esclave pour qui s'ouvre la liberté.
Et tu t'en vas pleurer, quand tu le vois, avide,
Ravaler les hoquets de son venin perfide!
Remercie-le plutôt des courtoises façons
Qu'il apporte à nous prévenir de ses soupçons.
Plus ne faut, à sa barbe, et comme à l'habitude,
Dauber à mots couverts sur sa décrépitude,
Ni, à sa table assis, nous permettre d'écart
Du parler, du toucher, à peine du regard;
Ni, lorsqu'il est enflé d'un excès de mangeaille,
Et qu'il ronfle, encagé dans son fauteuil de paille,
Lui emprunter son lit; ni poursuivre l'exploit
Des ris et des baisers dérobés sous son toit.
Trop de dangers céans attentent à notre aise :
C'est ici son château, son fief, son diocèse.
Mais si, comme ces gens mal contents de leur sort
Qui, pour honnir leur Prince ou lui battre son or,
S'exilent librement, nous pouvions nous rejoindre
Et gaudir autre part, qu'aurions-nous donc à craindre?
Nous ririons de sa règle, à jamais protégés

His seely plots, and pensionary spies,
As the inhabitants of Thames right side
Do Londons Major; or Germans, the Popes pride.

Des stupides complots de ses espions gagés,
Comme le Londonien de Rive-Droite échappe
A la loi du Lord-Maire, ou l'Allemand au Pape.

ELEGIE II : THE ANAGRAM

Marry, and love thy Flavia, *for, shee*
Hath all things, whereby others beautious bee,
For, though her eyes be small, her mouth is great,
Though they be Ivory, yet her teeth be jeat,
Though they be dimme, yet she is light enough,
And though her harsh haire fall, her skinne is rough;
What though her cheeks be yellow, her haire's red,
Give her thine, and she hath a maydenhead.
These things are beauties elements, where these
Meet in one, that one must, as perfect, please.
If red and white and each good quality
Be in thy wench, ne'r aske where it doth lye.
In buying things perfum'd, we aske; if there
Be muske and amber in it, but not where.
Though all her parts be not in th'usuall place,
She'hath yet an Anagram of a good face.
If we might put the letters but one way,
In the leane dearth of words, what could wee say?
When by the Gamut some Musitions make
A perfect song, others will undertake,
By the same Gamut chang'd, to equall it.
Things simply good, can never be unfit.
She's faire as any, if all be like her,
And if none bee, then she is singular.
All love is wonder; if wee justly doe
Account her wonderfull, why not lovely too?
Love built on beauty, soone as beauty, dies,
Chuse this face, chang'd by no deformities.
Women are all Angels; the faire be
Like those which fell to worse; but such as shee,
Like to good Angels, nothing can impaire:

ÉLÉGIE II : L'ANAGRAMME

Épouse ta Flavie, et aime-la, car elle
A toutes qualités qui d'autres font des belles :
Elle a grande la bouche encor que l'œil petit,
Ses dents quoique d'ivoire ont l'air de jais aussi,
Elle a lourd le menton, mais légère la cuisse,
Son poil est roide et choit, mais sa peau n'est point lisse;
Qu'importe son teint jaune, elle a le cheveu roux;
Avec ton pucelage elle est vierge à tout coup.
Ces éléments de la beauté, où qu'on les trouve
En une femme, il faut, parfaite, qu'on l'approuve.
Si tu vois rose et blanc, et toutes qualités
Chez elle, ne va point leur siège discuter.
Achetant un parfum il convient que l'on sache
S'y sont l'ambre et le musc, mais point où ils se cachent.
Si les grâces en elle ont siège inusité
Sa face est Anagramme encor de la beauté.
Qu'on donne à chaque lettre une place immuable :
N'aurions-nous pour parler disette de vocables?
Quand s'aidant de la gamme un musicien fait
Une chanson parfaite un autre peut tenter,
Usant des mêmes sons, d'en égaler la grâce.
La beauté pure et simple est toujours à sa place.
Si toutes sont comme elle, elles lui font raison,
Et s'il n'en est aucune elle est exception.
Tout amour est prodige, et s'il est équitable
De voir prodige en elle, est-elle point aimable?
Bâti sur la beauté l'amour a même mort :
Ce visage choisis, que n'altère aucun tort.
Les femmes sont comme les Anges : les plus belles
Ressemblent à ceux-là qui se firent rebelles.
Elle, comme les bons, est sauvée à jamais :

'Tis lesse griefe to be foule, then to'have beene faire.
For one nights revels, silke and gold we chuse,
But, in long journeyes, cloth, and leather use.
Beauty is barren oft; best husbands say,
There is best land, where there is foulest way.
Oh what a soveraigne Plaister will shee bee,
If thy past sinnes have taught thee jealousie!
Here needs no spies, nor eunuches; her commit
Safe to thy foes; yea, to a Marmosit.
When Belgiaes citties, the round countries drowne,
That durty foulenesse guards, and armes the towne:
So doth her face guard her; and so, for thee,
Which, forc'd by businesse, absent oft must bee,
Shee, whose face, like clouds, turnes the day to night,
Who, mightier then the sea, makes Moores seem white,
Who, though seaven yeares, she in the Stews had laid,
A Nunnery durst receive, and thinke a maid,
And though in childbeds labour she did lie,
Midwifes would sweare,'twere but a tympanie,
Whom, if shee accuse her selfe, I credit lesse
Then witches, which impossibles confesse,
Whom Dildoes, Bedstaves, and her Velvet Glasse
Would be as loath to touch as Joseph was:
One like none, and lik'd of none, fittest were,
For, things in fashion every man will weare.

Moins triste est la laideur qu'un passé de beauté.
Pour les plaisirs d'un soir on prend l'or et la soie,
Mais pour un long parcours cuir et toile on emploie.
La beauté produit peu : l'expert dira souvent
Que les meilleurs terrains sont les moins engageants.
Quel souverain emplâtre à guérir jalousie
Si tes péchés passés t'en ont fait maladie!
Pas d'espion, d'eunuque : aux mains de qui te hait
Laisse-la sans frémir; voire, à un Marmouset.
Quand le Belge à l'entour inonde la contrée
Par l'orde saleté sont ses villes gardées.
Son visage est sa garde à elle. Or donc, pour toi
Que tes affaires font s'absenter mainte fois,
Elle, qui fait du jour la nuit, comme nuage,
Qui blanchit mieux que l'eau des Mores le visage,
Qui, fût-elle restée aux étuves sept ans,
Serait tantôt pour vierge admise en un couvent,
Qui gisant en travail ferait aux sages-femmes
Jurer que c'est tumeur, qui, se disant infâme
Me verrait à la croire encor moins disposé
Que sorcière avouant d'impossibles forfaits,
A qui bâtons de lit, godmichés, cas factices,
Comme autrefois Joseph dénieraient leurs blandices,
Serait, objet unique, objet de nul amour,
Le meilleur choix : chacun se met au goût du jour.

ELEGIE III : CHANGE

Although thy hand and faith, and good workes too,
Have seal'd thy love which nothing should undoe,
Yea though thou fall backe, that apostasie
Confirme thy love; yet much, much I feare thee.
Women are like the Arts, forc'd unto none,
Open to'all searchers, unpriz'd, if unknowne,
If I have caught a bird, and let him flie,
Another fouler using these meanes, as I,
May catch the same bird; and, as these things bee,
Women are made for men, not him, nor mee.
Foxes and goats; all beasts change when they please,
Shall women, more hot, wily, wild then these,
Be bound to one man, and did Nature then
Idly make them apter to'endure then men?
They'are our clogges, not their owne; if a man bee
Chain'd to a galley, yet the galley'is free;
Who hath a plow-land, casts all his seed corne there,
And yet allowes his ground more corne should beare;
Though Danuby into the sea must flow,
The sea receives the Rhene, Volga, and Po.
By nature, which gave it, this liberty
Thou lov'st, but Oh! canst thou love it and mee?
Likenesse glues love: and if that thou so doe,
To make us like and love, must I change too?
More then thy hate, I hate'it, rather let mee
Allow her change, then change as oft as shee,
And soe not teach, but force my'opinion
To love not any one, nor every one.
To live in one land, is captivitie,
To runne all countries, a wild roguery;
Waters stincke soone, if in one place they bide,

ÉLÉGIE III : DU CHANGEMENT

Quoique ta main, ta foi, comme tes bonnes œuvres
Aient scellé ton amour contre toutes manœuvres,
Qu'ici ton abandon, loin de t'apostasier,
Me le confirmerait, je suis très, très inquiet.
La Femme, comme l'Art, ne s'impose à personne,
Et n'a, ouverte à tous, que le prix qu'on lui donne.
Si l'oiseau que j'ai pris je le relâche un jour,
Un autre oiseleur peut l'attraper à son tour
Par les mêmes moyens : d'aucun de nous partage,
Les femmes sont de tous les hommes l'apanage.
Quand chèvres ou renards changent si volontiers,
Ces animaux plus chauds, plus retors, plus entiers,
S'attacheraient à un seul homme?... et la Nature
Les ferait en amour moins que l'homme parjures?
D'être enferges pour nous ne les empêche en rien :
La galère se rit des fers du galérien.
Qui sème tout son grain dedans son labourage
N'empêche pas son champ d'en porter davantage;
Et la mer, qui reçoit du Danube les eaux,
Reçoit aussi le Rhin, la Volga et le Pô.
Mais cette liberté native que tu aimes,
Peux-tu bien l'adorer et m'adorer moi-même?
Aimer c'est ressembler; et pour t'aimer, ainsi
Que pour te ressembler, dois-je changer aussi?
Je hais cela plus que ta haine, et je préfère
Te voir changer souvent que moi-même le faire,
Suivre, sans la prêcher, la règle de mon goût
Qu'il ne faut point aimer nulle part, ni partout.
Vivre en un seul pays c'est vivre en une geôle;
Pirater en tous lieux c'est se conduire en drôle.
L'eau, quand elle croupit, n'est pas longue à puer,

And in the vast sea are more putrifi'd:
But when they kisse one banke, and leaving this
Never looke backe, but the next banke doe kisse,
Then are they purest; Change'is the nursery
Of musicke, joy, life, and eternity.

Et mieux que dans la mer ne se peut polluer;
Mais lorsque sans remords elle s'en va, lascive,
Après l'une baiser tendrement l'autre rive,
Il n'est rien de plus pur. Toujours mobilité
Engendre joie, musique, vie, éternité.

ELEGIE IV : THE PERFUME

Once, and but once found in thy company,
All thy suppos'd escapes are laid on mee;
And as a thiefe at barre, is question'd there
By all the men, that have beene rob'd that yeare,
So am I, (by this traiterous meanes surpriz'd)
By thy Hydroptique father catechiz'd.
Though he had wont to search glazed eyes,
As though he came to kill a Cockatrice!
Though hee hath oft sworne, that hee would remove
Thy beauties beautie, and food of our love,
Hope of his goods, if I with thee were seene,
Yet close and secret, as our soules, we'have beene.
Though thy immortall mother which doth lye
Still buried in her bed, yet will not dye,
Takes this advantage to sleepe out day-light,
And watch thy entries, and returnes all night,
And, when she takes thy hand, and would seeme kind,
Doth search what rings, and armelets she can finde,
And kissing notes the colour of thy face,
And fearing least thou'art swolne, doth thee embrace;
To trie if thou long, doth name strange meates,
And notes thy palenesse, blushing, sighs, and sweats;
And politiquely will to thee confesse
The sinnes of her owne youths ranke lustinesse;
Yet love these Sorceries did remove, and move
Thee to gull thine owne mother for my love.
Thy little brethren, which like Faiery Sprights
Oft skipt into our chamber, those sweet nights,
And kist, and ingled on thy fathers knee,
Were brib'd next day, to tell what they did see:
The grim eight-foot-high iron-bound serving-man,
That oft names God in oathes, and onely than,
He that to barre the first gate, doth as wide

ÉLÉGIE IV : LE PARFUM

Avec toi pris un jour, un seul, en tête à tête,
On me met sur le dos les fugues qu'on te prête;
Comme un voleur est à la barre interrogé
Par tous ceux qui de l'an se sont fait détrousser
Je dois, moi que surprit une manière inique,
Subir les questions de ton père hydropique.
Il fouillait la maison chaque soir, l'œil vitreux,
Tel qui vient pour tuer un basilic affreux,
Avait cent fois juré de ravir sa parure
A ta beauté, et à notre amour sa pâture
(L'espoir de ses trésors), s'il me trouvait chez toi :
Mais nous, comme nos cœurs, fûmes secrets et cois.
Ton immortelle mère au lit toujours clouée
Sans être pour autant à la tombe vouée
En pouvait profiter pour dormir tout le jour
Et pour guetter la nuit tes allers et retours;
Elle prenait ta main, tendresse mensongère,
Cherchant un bracelet, une bague étrangère,
Te baisait, épiant la fraîcheur de ton teint,
T'embrassait, redoutant chez toi quelque embonpoint,
Parlait de mets pouvant te donner des envies,
Te regardait suer, gémir, rouge ou pâlie :
Même elle t'avouait, politique candeur,
Ses péchés de jeunesse aux lubriques ardeurs.
Mais l'amour déjoua ces ruses de sorcière
Et pour l'amour de moi te fit jouer ta mère.
Tes frères qui souvent, lutins malicieux,
Entraient dans notre chambre en ces soirs radieux,
Fêtés sur les genoux de ton père très tendre,
Étaient le lendemain soudoyés pour nous vendre.
Ce noir et dur valet de huit pieds qui souvent
Cite Dieu pour jurer, mais jamais autrement,
Dont, lorsque pour aller fermer la porte il rôde,

As the great Rhodian Colossus stride,
Which, if in hell no other paines there were,
Makes mee feare hell, because he must be there:
Though by thy father he were hir'd to this,
Could never witnesse any touch or kisse.
But Oh, too common ill, I brought with mee
That, which betray'd mee to my enemie:
A loud perfume, which at my entrance cryed
Even at thy fathers nose, so were wee spied.
When, like a tyran King, that in his bed
Smelt gunpowder, the pale wretch shivered.
Had it beene some bad smell, he would have thought
That his owne feet, or breath, that smell had wrought.
But as wee in our Ile emprisoned,
Where cattell onely,'and diverse dogs are bred,
The pretious Vnicornes, strange monsters call,
So thought he good, strange, that had none at all.
I taught my silkes, their whistling to forbeare,
Even my opprest shoes, dumbe and speechlesse were,
Onely, thou bitter sweet, whom I had laid
Next mee, mee traiterously hast betraid,
And unsuspected hast invisibly
At once fled unto him, and staid with mee.
Base excrement of earth, which dost confound
Sense, from distinguishing the sicke from sound;
By thee the seely Amorous sucks his death
By drawing in a leprous harlots breath;
By thee, the greatest staine to mans estate
Falls on us, to be call'd effeminate;
Though you be much lov'd in the Princes hall,
There, things that seeme, exceed substantiall;
Gods, when yee fum'd on altars, were pleas'd well,
Because you'were burnt, not that they lik'd your smell;
You'are loathsome all, being taken simply alone,
Shall wee love ill things joyn'd, and hate each one?
If you were good, your good doth soone decay;
And you are rare, that takes the good away.
All my perfumes, I give most willingly
To'embalme thy fathers corse; What? will hee die?

Les grands pas font songer au colosse de Rhodes,
Qui, s'il n'est en Enfer aucun autre tourment,
Me fait craindre l'Enfer, qui l'attend sûrement,
Bien que pour ce travail on lui fît des largesses,
N'avait jamais surpris ni baisers ni caresses.
Malheur trop répandu, j'ai moi-même fourni
L'instrument qui me vint livrer à l'ennemi :
Un parfum tapageur qui au nez de ton père
Allant tout droit hurler lui trahit nos mystères;
Et lors comme un tyran qui du fond de son lit
Sent la poudre il frémit, le vilain, et pâlit.
Une mauvaise odeur eût pu sans trop de peine
Lui faire soupçonner ses pieds ou son haleine :
Mais tout ainsi que nous dans notre Ile enfermés,
Où n'avons que bétail et chiens pour familiers,
Voyons un monstre étrange en la rare Licorne,
Il crut étrange un bien dont jamais il ne s'orne.
J'avais dressé ma soie à ne point murmurer,
J'avais rendu muets mes malheureux souliers,
Et, amère douceur, c'est toi qui m'abandonnes,
Fourbe que je portais tout contre ma personne,
Et qui voles vers lui, furtive, en tapinois,
Sans cesser de rester, traîtresse, auprès de moi!
Vils excréments du sol, la raison étourdie
Confond par votre effet santé et maladie;
Vous laissez les amants naïfs sucer leur mort
Aux lèvres de putains lépreuses, sans remords;
Vous attirez sur nous la pire calomnie,
Ce nom d'efféminé, que tout homme renie;
Vous pouvez au palais du Prince être reçus :
Y paraît essentiel, souvent, le superflu;
Fumant sur leurs autels, les dieux vous estimaient
De brûler : ce n'est point votre odeur qu'ils prisaient.
Chacun de vous me fait horreur, et l'on ne peut
Ensemble aimer des maux, quand on hait chacun d'eux;
Eussiez-vous quelque attrait cet attrait périclite,
Et votre rareté vous en prive aussi vite.
Je donne de grand cœur tous mes parfums, m'amour,
Pour ton père embaumer... Hé! mourra-t-il un jour?

ELEGIE V : HIS PICTURE

Here take my Picture; though I bid farewell,
Thine, in my heart, where my soule dwels, shall dwell.
'Tis like me now, but I dead, 'twill be more
When wee are shadowes both, then 'twas before.
When weather-beaten I come backe; my hand,
Perhaps with rude oares torne, or Sun beams tann'd,
My face and brest of haircloth, and my head
With cares rash sodaine stormes, being o'rspread,
My body'a sack of bones, broken within,
And powders blew staines scatter'd on my skinne;
If rivall fooles taxe thee to'have lov'd a man,
So foule, and course, as, Oh, I may seeme than,
This shall say what I was: and thou shalt say,
Doe his hurts reach mee? doth my worth decay?
Or doe they reach his judging minde, that hee
Should now love lesse, what hee did love to see?
That which in him was faire and delicate,
Was but the milke, which in loves childish state
Did nurse it: who now is growne strong enough
To feed on that, which to disused tasts seemes tough.

ÉLÉGIE V : LE PORTRAIT

Tiens, voici mon portrait : le tien, si je te quitte,
Habite dans mon cœur, là où mon âme habite.
Cette image de moi sera plus vraie encor
Quand je serai comme elle une ombre dans la mort.
Si je reviens rompu, et les mains déchirées
Aux rudes avirons, ou du soleil brûlées,
Le visage et le sein sous la haire, le front
Ayant de durs soucis subi le brusque affront,
Le corps comme un sac d'os, au-dedans en bouillie,
La peau en maint endroit par la poudre bleuie,
Qu'un sot rival te raille alors d'avoir aimé
L'être laid et grossier que je pourrai sembler :
Ceci me fera droit, et tu pourras lui dire :
« Ses maux m'ont-ils touchée ? Ai-je moins pour séduire ?
« Ou par hasard ont-ils touché son jugement,
« Qu'il m'aime d'un amour moindre qu'auparavant ?
« Ce qu'il avait en lui de charme et de prestance
« Fut le lait qui nourrit mon amour en enfance,
« Que voici maintenant assez robuste et mûr
« Pour ce mets qu'un palais fourbu trouve trop dur. »

ELEGIE VII

Natures lay Ideot, I taught thee to love,
And in that sophistrie, Oh, thou dost prove
Too subtile: Foole, thou didst not understand
The mystique language of the eye nor hand:
Nor couldst thou judge the difference of the aire
Of sighes, and say, this lies, this sounds despaire:
Nor by the'eyes water call a maladie
Desperately hot, or changing feaverously.
I had not taught thee then, the Alphabet
Of flowers, how they devisefully being set
And bound up, might with speechlesse secrecie
Deliver arrands mutely, and mutually.
Remember since all thy words us'd to bee
To every suitor; I, if my friends agree;
Since, household charmes, thy husbands name to teach,
Were all the love trickes, that thy wit could reach;
And since, an houres discourse could scarce have made
One answer in thee, and that ill arraid
In broken proverbs, and torne sentences.
Thou art not by so many duties his,
That from the worlds Common having sever'd thee,
Inlaid thee, neither to be seene, nor see,
As mine: who have with amorous delicacies
Refin'd thee'into a blis-full Paradise.
Thy graces and good words my creatures bee;
I planted knowledge and lifes tree in thee,
Which Oh, shall strangers taste? Must I alas
Frame and enamell Plate, and drinke in Glasse?
Chafe waxe for others seales? breake a colts force
And leave him then, beeing made a ready horse?

ÉLÉGIE VII : BÉJAUNE DE NATURE...

Béjaune de nature! allai-je pas t'apprendre
L'art d'aimer, sophistique où tu te devais rendre,
Las, trop subtile! Sotte, tu n'entendais rien
Au mystique parler de l'œil ou de la main.
Tu ne savais juger la diverse atmosphère
Des soupirs, l'un qui ment, l'autre qui désespère,
A l'eau des yeux diagnostiquer une affection
Mortellement ardente ou dans l'évolution.
Je ne t'avais point fait épeler le langage
Des fleurs, montré comment leur savant assemblage
Pouvait, silencieux et confidentiel,
Exprimer des aveux muets et mutuels.
« S'il plaît à mon ami » était, qu'il t'en souvienne,
A tous tes soupirants ta réponse ancienne;
Car tu n'avais point tours plus galants dans l'esprit
Que de leur rappeler le nom de ton mari;
Et l'on pouvait parler avec toi plus d'une heure
Sans jamais t'arracher de parole meilleure
Qu'un fragment de proverbe, une phrase en lambeaux.
Tu es donc moins à lui, de beaucoup il s'en faut,
Ores qu'après t'avoir hors du commun tirée
Je t'ai caché le monde et au monde cachée,
Qu'à moi-même, qui t'ai, dans mon soin amoureux,
Affinée en un Paradis délicieux.
Grâces et mots sont miens dont tu t'es enrichie;
En toi j'ai planté l'Arbre et de Science et de Vie;
Et j'en perdrais les fruits? le ciseleur d'émaux
Dans le verre boirait? d'autres mettraient leurs sceaux
Où j'ai chauffé la cire? enfin prête et domptée
Ma pouliche serait par un autre montée?...

ELEGIE VIII : THE COMPARISON

As the sweet sweat of Roses *in a Still,*
As that which from chaf'd muskats pores doth trill,
As the Almighty Balme of th'early East,
Such are the sweat drops of my Mistris breast,
And on her brow her skin such lustre sets,
They seeme no sweat drops, but pearle coronets.
Ranke sweaty froth thy Mistresse's brow defiles,
Like spermatique issue of ripe, menstruous boiles,
Or like the skumme, which, by needs lawlesse law
Enforc'd, Sanserra's starved men did draw
From parboild shooes, and bootes, and all the rest
Which were with any soveraigne fatnes blest,
And like vile lying stones in saffrond tinne,
Or warts, or wheales, they hang upon her skinne.
Round as the world's her head, on every side,
Like to the fatall Ball which fell on Ide,
Or that whereof God had such jealousie,
As, for the ravishing thereof we die.
Thy head *is like a rough-hewne, statue of jeat,*
Where marks for eyes, nose, mouth, are yet scarce set;
Like the first Chaos, or flat seeming face
Of Cynthia, when th'earths shadowes her embrace.
Like Proserpines white beauty-keeping chest,
Or Joves best fortunes urne, is her faire brest.
Thine's like worme eaten trunkes, cloth'd in seals skin,
Or grave, that's dust without, and stinke within.
And like that slender stalke, at whose end stands
The wood-bine quivering, are her armes and hands.
Like rough bark'd elmboughes, or the russet skin
Of men late scurg'd for madnes, or for sinne,
Like Sun-parch'd quarters on the citie gate,

ÉLÉGIE VIII : LA COMPARAISON

Au sein de ma maîtresse est suave rosée
Qui semble la sueur de roses distillées,
Celle que la civette exhale en s'échauffant,
Ou l'onguent souverain du précoce Orient,
Et la peau de son front a tel lustre que même
Les perles de sueur y font un diadème.
Ta maîtresse a le front souillé d'âcres sueurs
Qui d'abcès menstruels évoquent les humeurs,
L'écume que les gens de Sanserra tirèrent,
Affamés, par la loi sans loi de la misère,
De bottes et souliers bouillis, et tous objets
Qui de graisse tenaient le tout-puissant bienfait,
Et comme pierres viles de clinquant serties
La sueur sur sa peau met verrues et envies.
Dans l'orbe de son chef le monde se peut voir,
Ou ce boulet fatal qui sur l'Ida vint choir,
Ou bien celui dont Dieu eut telle jalousie
Que nous payons son vol du prix de notre vie.
La tienne a pour visage un grossier bloc de jais
Où ne sont bouche, yeux, nez, guère plus qu'ébauchés,
Tel le chaos premier, ou la très plate face
De Cynthie, quand la terre en ses ombres l'embrasse.
Son sein de Proserpine est tel le blanc trésor
De beauté, ou bien l'urne où Jupin tient les sorts.
Le tien, coffre rongé des vers, en peau de phoque,
Tombeaux poudreux dehors, où dedans on suffoque.
Comme la mince liane où s'ouvre en frémissant
Une fleur sont sa main et son bras ravissants.
Pareille à l'orme rude, ou à la peau roussie
D'homme qu'on encouragea pour péchés ou folie,
Aux quartiers desséchés aux portes des cités,

Such is thy tann'd skins lamentable state.
And like a bunch of ragged carrets stand
The short swolne fingers of thy gouty hand.
Then like the Chymicks masculine equall fire,
Which in the Lymbecks warme wombe doth inspire
Into th'earths worthlesse durt a soule of gold,
Such cherishing heat her best lov'd part doth hold.
Thine's like the dread mouth of a fired gunne,
Or like hot liquid metalls newly runne
Into clay moulds, or like to that Ætna
Where round about the grasse is burnt away.
Are not your kisses then as filthy, and more,
As a worme sucking an invenom'd sore?
Doth not thy fearefull hand in feeling quake,
As one which gath'ring flowers, still feares a snake?
Is not your last act harsh, and violent,
As when a Plough a stony ground doth rent?
So kisse good Turtles, so devoutly nice
Are Priests in handling reverent sacrifice,
And such in searching wounds the Surgeon is
As wee, when wee embrace, or touch, or kisse.
Leave her, and I will leave comparing thus,
She, and comparisons are odious.

Est de ton cuir tanné la triste qualité,
Et se dressent ainsi que botteau de carottes
Les doigts courts et goutteux de cette main falote.
Telle alchimique feu qui, viril et constant,
Le sein de l'alambic féconde en insufflant
Une âme d'or aux vils résidus de la terre,
Est la chaleur au lieu qu'en elle je préfère.
Toi, tu n'as qu'un canon terrible et égueulé,
Dans un moule d'argile un métal frais coulé,
Ou comme de l'Etna la bouche redoutée
Où partout à l'entour les herbes sont brûlées.
Vos baisers ne sont-ils répugnants tant et plus
Que ceux d'un ver suçant un abcès plein de pus ?
Et ne trembles-tu point, quand tes mains sur elle errent,
Comme un qui craint, cueillant des fleurs, quelque vipère ?
Pour votre acte dernier, n'est-il point cahoteux
Autant que lorsqu'un soc éventre un sol rocheux ?
Tels tourtereaux, avec la ferveur attendrie
Du prêtre révérend manipulant l'hostie,
Comme le médecin sondant un coup profond,
Ainsi nous embrassons, caressons et baisons.
Laisse-la, et tantôt de comparer je cesse :
Ce m'est chose odieuse autant que ta maîtresse.

ELEGIE IX : THE AUTUMNALL

No Spring, *nor* Summer *Beauty hath such grace,*
  As I have seen in one Autumnall *face.*
Yong Beauties *force our love, and that's a* Rape,
  This doth but counsaile, *yet you cannot scape.*
If t'were a shame *to love, here t'were no* shame,
  Affection *here takes* Reverences *name.*
Were her first yeares the Golden Age; *That's true,*
  But now shee's gold *oft tried, and ever new.*
That was her torrid and inflaming time,
  This is her tolerable Tropique clyme.
Faire eyes, who askes more heate then comes from hence,
  He in a fever wishes pestilence.
Call not these wrinkles, graves; *If* graves *they were,*
  They were Loves graves; *for else he is no where.*
Yet lies not Love dead *here, but here doth sit*
  Vow'd to this trench, like an Anachorit.
And here, till hers, which must be his death, *come,*
  He doth not digge a Grave, *but build a* Tombe.
Here dwells he, though he sojourne ev'ry where,
  In Progresse, *yet his standing house is here.*
Here, where still Evening *is; not* noone, *nor* night;
  Where no voluptuousnesse, *yet all* delight.
In all her words, unto all hearers fit,
  You may at Revels, *you at* Counsaile, *sit.*
This is loves timber, youth his under-wood;
  There he, as wine in June, *enrages blood,*
Which then comes seasonabliest, when our tast
  And appetite to other things, is past.
Xerxes *strange* Lydian *love, the* Platane *tree,*
  Was lov'd for age, none being so large as shee,
Or else because, being yong, nature did blesse

ÉLÉGIE IX : L'AUTOMNALE

Les couleurs du printemps et de l'été sont pâles
Près de certain visage aux grâces automnales.
Une jeune beauté vous contraint de l'aimer :
C'est viol. Celle-ci plaide, et vous sait garder.
L'Amour fût-il honteux, il sauve ici la face
En prenant du Respect et le nom et la place.
Sa jeunesse, il est vrai, était son Age d'Or :
Mais, souvent éprouvé, son or est neuf encor.
Jadis fut sa saison torride et implacable;
Son climat tropical est ores tolérable.
Demander plus de feux que n'en pouvez jeter,
Beaux yeux, c'est, fiévreux, la peste souhaiter.
Ces rides, des tombeaux? Tombeaux d'Amour peut-être,
Car s'il n'est point ici où donc le reconnaître?
Il n'y gît cependant point mort, mais en repos,
Comme par vœu l'ermite en son antre est enclos;
Jusqu'à l'heure commune à leur mort destinée,
Il n'y creuse un tombeau, mais dresse un mausolée.
Il réside en ce lieu : s'il séjourne partout
En voyage, c'est là qu'il revient après coup.
Là n'est ni jour ni nuit, mais le doux soir propice
Où rien n'est volupté, mais où tout est délice.
Dans ses propos bien faits pour plaire à qui l'entend
Tel se croit au banquet, tel autre au Parlement.
C'est là l'arbre d'Amour; la jeunesse est broussaille
Et comme en juin le vin l'amour nous y assaille,
Qui vient mieux à propos quand l'âge nous a pris
De tous autres objets le goût et l'appétit.
Xerxès un jour s'éprit d'un platane en Lydie,
Soit pour son âge mûr et sa taille hardie,
Ou parce que tout jeune il avait hérité

Her youth with ages glory, Barrennesse.
If we love things long sought, Age *is a thing*
Which we are fifty yeares in compassing.
If transitory things, which soone decay,
Age *must be lovelyest at the latest day.*
But name not Winter-faces, *whose skin's slacke;*
Lanke, as an unthrifts purse; but a soules sacke;
Whose Eyes *seeke light within, for all here's shade;*
Whose mouthes *are holes, ratherworne out, then made;.*
Whose every tooth to a severall place is gone,
To vexe their soules at Resurrection;
Name not these living Deaths-heads *unto mee,*
For these, not Ancient, *but* Antique *be.*
I hate extreames; yet I had rather stay
With Tombs, *then* Cradles, *to weare out a day.*
Since such loves naturall lation is, may still
My love descend, and journey downe the hill,
Not panting after growing beauties, so,
I shall ebbe out with them, who home-ward goe.

De ce bienfait des ans qu'est la stérilité.
Si vous aimez le fruit de longs efforts, cet âge
Est cinquante ans et plus à montrer son visage;
Si plutôt vous aimez l'objet qui n'a qu'un temps,
C'est à son dernier jour qu'il est le plus charmant.
Mais foin d'un vis d'hiver dont la peau relâchée
Semble une bourse vide, où l'âme est ensachée;
Où l'œil cherche au-dedans le jour qu'il a perdu;
Où la bouche est un trou par l'usure fendu;
Où les dents ont suivi des routes séparées
Afin qu'au Jugement l'âme en soit tourmentée!
Ces squelettes vivants, laissons-les de côté,
Et ne confondons point Vieillesse et Vétusté.
Mais, pour tromper le temps, si je hais les extrêmes,
Je préfère aux berceaux les tombes, tout de même,
Et, puisqu'enfin d'Amour tel est le cours normal,
Que mon amour descende, et marche vers l'aval,
Sans s'essouffler à suivre une beauté montante,
Avec celles qui sont comme moi sur la pente.

ELEGIE X : THE DREAME

Image of her whom I love, more then she,
Whose faire impression in my faithfull heart,
Makes mee her Medall, *and makes her love mee,*
As Kings do coynes, to which their stamps impart
The value: goe, and take my heart from hence,
Which now is growne too great and good for me:
Honours *oppresse weake spirits, and our sense*
Strong objects dull; the more, the lesse wee see.
When you are gone, and Reason *gone with you,*
Then Fantasie *is Queene and Soule, and all;*
She can present joyes meaner then you do;
Convenient, and more proportionall.
So, if I dreame I have you, I have you,
For, all our joyes are but fantasticall.
And so I scape the paine, for paine is true;
And sleepe which locks up sense, doth lock out all.
After a such fruition I shall wake,
And, but the waking, nothing shall repent;
And shall to love more thankfull Sonnets make,
Then if more honour, teares, *and* paines *were spent.*
But dearest heart, and dearer image stay;
Alas, true joyes at best are dreame *enough;*
Though you stay here you passe too fast away:
For even at first lifes Taper *is a snuffe.*
Fill'd with her love, may I be rather grown
Mad with much heart, *then* ideott *with none.*

ÉLÉGIE X : LE RÊVE

Image de qui j'aime encore plus qu'elle-même
Et dont la belle empreinte en mon fidèle cœur
Fait de moi sa médaille, et cause qu'elle m'aime
Comme un roi les écus qui tiennent leur valeur
De sa marque sur eux, va, et mon cœur emporte,
Qu'ores voici trop noble et trop riche pour moi :
La gloire accable un faible esprit; les choses fortes
Émoussent notre sens : à trop voir, on ne voit.
Avec toi partira ma raison; fantaisie
Ores sera ma reine et mon âme et mon tout;
Les plaisirs qu'elle donne ont plus de modestie
Que les tiens; mieux convient leur mesure à mon goût.
Si je viens à te prendre en rêve, tu es mienne,
Car il n'est de plaisir qui ne soit figuré,
Mais j'échappe à douleur, qui est chose certaine :
Sommeil qui clôt nos sens en forclôt les effets.
En m'éveillant après de telles jouissances
Je n'aurai de regret que de m'être éveillé
Et mes sonnets diront plus de reconnaissance
A l'Amour de m'avoir moins de tourments coûté.
Mais reste, aimable cœur, et toi, aimable face :
Las! le plus vrai plaisir n'est jà que trop rêvé;
En demeurant céans trop vite tu t'effaces :
La vie est lumignon avant que de brûler.
Tout plein de son amour puissé-je être plutôt
Fol d'avoir trop de cœur que sans cœur idiot.

ELEGIE XII : HIS PARTING FROM HER

Since she must go, and I must mourn, come Night,
Environ me with darkness, whilst I write:
Shadow that hell unto me, which alone
I am to suffer when my Love is gone.
Alas the darkest Magick cannot do it,
Thou and greate Hell to boot are shadows to it.
Should Cinthia *quit thee,* Venus, *and each starre,*
It would not forme one thought dark as mine are.
I could lend thee obscureness now, and say,
Out of my self, There should be no more Day,
Such is already my felt want of sight,
Did not the fires within me force a light.
Oh Love, that fire and darkness should be mixt,
Or to thy Triumphs soe strange torments fixt?
Is't because thou thy self art blind, that wee
Thy Martyrs must no more each other see?
Or tak'st thou pride to break us on the wheel,
And view old Chaos in the Pains we feel?
Or have we left undone some mutual Right,
Through holy fear, that merits thy despight?
No, no. The falt was mine, impute it to me,
Or rather to conspiring destinie,
Which (since I lov'd for forme before) decreed,
That I should suffer when I lov'd indeed:
And therefore now, sooner then I can say,
I saw the golden fruit, 'tis rapt away.
Or as I had watcht one drop in a vast stream,
And I left wealthy only in a dream.
Yet Love, thou'rt blinder then thy self in this,
To vex my Dove-like friend for my amiss:
And, where my own sad truth my expiate

ÉLÉGIE XII : SÉPARATION

Puisqu'elle doit partir, et que je m'en dois plaindre,
Viens, ô Nuit, quand j'écris, de ténèbres me ceindre.
Masque-moi cet enfer que je dois, esseulé,
Endurer lorsque mon amour m'aura quitté.
La plus noire magie, hélas, ne le peut faire :
L'Enfer et toi auprès n'êtes qu'ombres légères.
Si te quittaient Cynthie, étoiles et Vénus,
Il n'en naîtrait pensers plus sombres que je n'eus.
Je pourrais te prêter des ténèbres et dire
De moi-même à jamais que le jour se retire,
Tel est l'aveuglement que je ressens déjà,
Si les feux de mon cœur ne forçaient quelque éclat.
Amour, pourquoi faut-il qu'aux feux mêles ténèbres,
Et par si durs tourments ton triomphe célèbres?
Étant toi-même aveugle, aurais-tu le vouloir
Que nous ne puissions plus, nous tes martyrs, nous voir?
Ou t'enorgueillis-tu de nous rompre à la roue,
Revoyant le Chaos aux maux qui nous secouent?
Ou par sainte terreur n'aurions-nous accompli
Un rite mutuel, méritant ton dépit?
Non, non : ce fut ma faute, et crois-m'en seul coupable,
Ou plutôt le dessein du Sort inexorable
Qui, voyant mon amour formel auparavant,
M'imposa de souffrir quand j'aimerais vraiment.
C'est pourquoi maintenant, à peine ai-je pu dire
Que j'ai vu le fruit d'or, voici qu'il se retire;
Ou, ayant une goutte au fleuve convoité,
Riche de mon seul rêve il m'en faut détourner.
Mais en aveuglement tu te passes toi même
De navrer pour mes torts la colombe que j'aime
Et, lorsque ma constance expierait ton courroux,

Thy wrath, to make her fortune run my fate:
So blinded Justice doth, when Favorites fall,
Strike them, their house, their friends, their followers all.
Was't not enough that thou didst dart thy fires
Into our blouds, inflaming our desires,
And made'st us sigh and glow, and pant, and burn,
And then thy self into our flame did'st turn?
Was't not enough, that thou didst hazard us
To paths in love so dark, so dangerous:
And those so ambush'd round with houshold spies,
And over all, thy husbands towring eyes
That flam'd with oylie sweat of jealousie:
Yet went we not still on with Constancie?
Have we not kept our guards, like spie on spie?
Had correspondence whilst the foe stood by?
Stoln (more to sweeten them) our many blisses
Of meetings, conference, embracements, kisses?
Shadow'd with negligence our most respects?
Varied our language through all dialects,
Of becks, winks, looks, and often under-boards
Spoak dialogues with our feet far from our words?
Have we prov'd all these secrets of our Art,
Yea, thy pale inwards, and thy panting heart?
And, after all this passed Purgatory,
Must sad divorce make us the vulgar story?
First let our eyes be rivited quite through
Our turning brains, and both our lips grow to:
Let our armes clasp like Ivy, and our fear
Freese us together, that we may stick here,
Till Fortune, that would rive us, with the deed
Strain her eyes open, and it make them bleed:
For Love it cannot be, whom hitherto
I have accus'd, should such a mischief doe.
Oh Fortune, thou'rt not worth my least exclame,
And plague enough thou hast in thy own shame.
Do thy great worst, my friend and I have armes,
Though not against thy strokes, against thy harmes.
Rend us in sunder, thou canst not divide
Our bodies so, but that our souls are ty'd,

De vouloir que son sort du mien souffre les coups;
Quand tombent Favoris, la justice aveuglée
Frappe aussi leurs amis, leurs gens, leur maisonnée.
N'était-ce point assez de darder en nos sangs
Tes feux, embrasant nos désirs et nous faisant
Soupirer, haleter, rougir, brûler dans l'âme,
Pour devenir enfin toi-même notre flamme?
N'était-ce point assez de nous lancer par jeu
En des sentiers d'amour si noirs, si dangereux,
Tout autour investis d'espions domestiques,
Qui plus est, sous les yeux d'un époux colérique
Où de la jalousie ardait l'âcre sueur?
N'avons-nous cependant poursuivi sans lenteur?
Épiant l'espion, n'avons-nous pris nos gardes,
Correspondu malgré que l'ennemi regarde?
Dérobé nos divers bonheurs de rendez-vous,
Caresses et baisers, pour les rendre plus doux?
De négligence ombré ce que plus on respecte?
Changé notre langage en tous les dialectes
Du signe et du regard? Sous la table, cent fois,
Nos pieds n'ont-ils parlé autrement que nos voix?
N'avons-nous pratiqué toute notre magie,
Ton cœur tout pantelant, tes entrailles pâlies,
Que pour être, ce Purgatoire enfin passé,
Réduits par un divorce à la banalité?
Que d'abord par nos yeux se rivent nos cervelles
Pour ne se détourner, et nos lèvres comme elles;
Que s'attachent nos bras comme lierre; gelés
Ensemble par la peur, que nous puissions rester
Jusqu'à ce que le Sort qui veut notre divorce
Verse des pleurs de sang, les yeux ouverts par force :
Car ce ne saurait être Amour, que jusqu'alors
J'accusais, qui pourrait nous causer si grand tort.
O Sort, tu ne vaux point que sur toi je m'exclame :
Ta honte en elle-même est un suffisant blâme.
Fais du pis que tu peux, tous deux sommes armés,
Sinon contre tes coups, contre leur rude effet.
Sépare nos deux corps : lorsque tu les arraches,
Tu ne peux rompre aussi de nos âmes l'attache;

And we can love by letters still and gifts,
And thoughts and dreams; Love never wanteth shifts.
I will not look upon the quickning Sun,
But straight her beauty to my sense shall run;
The ayre shall note her soft, the fire most pure;
Water suggest her clear, and the earth sure.
Time shall not lose our passages; the Spring
How fresh our love was in the beginning;
The Summer how it ripened in the eare,
And Autumn, what our golden harvests were.
The Winter I'll not think on to spite thee,
But count it a lost season, so shall shee.
And dearest Friend, since we must part, drown night
With hope of Day, burthens well born are light.
Though cold and darkness longer hang somewhere,
Yet Phoebus *equally lights all the Sphere.*
And what he cannot in like Portions pay,
The world enjoyes in Mass, and so we may.
Be then ever your self, and let no woe
Win on your health, your youth, your beauty: so
Declare your self base fortunes Enemy,
No less by your contempt then constancy:
That I may grow enamoured on your mind,
When my own thoughts I there reflected find.
For this to th'comfort of my Dear I vow,
My Deeds shall still be what my words are now;
The Poles shall move to teach me ere I start;
And when I change my Love, I'll change my heart;
Nay, if I wax but cold in my desire,
Think, heaven hath motion lost, and the world, fire:
Much more I could, but many words have made
That, oft, suspected which men would perswade;
Take therefore all in this: I love so true,
As I will never look for less in you.

Nous nous pourrons aimer par lettres et présents,
Songes, pensers : Amour ne manque d'expédients.
Je ne verrai soleil, qui donne toute vie,
Sans que de sa beauté mon âme soit saisie;
L'air dira sa douceur, le feu sa pureté,
L'eau sa candeur, la terre enfin sa fermeté.
Nous marquerons le temps au passage : que chante
Le printemps la douceur de notre amour naissante,
L'été comme elle vint à mûrir dans l'épi,
L'automne les fruits d'or qu'en avons recueillis.
Je laisserai l'hiver, pour te faire querelle :
Ce sera saison morte et pour moi, et pour elle.
Séparés, noyons l'ombre en un espoir de jour
Car, m'amie, un fardeau bien porté n'est point lourd.
Si s'attardent froidure et nuit sur quelques terres,
Pourtant Phœbus éclaire également la sphère,
Et de ce qu'il n'a point justement réparti
Le monde peut jouir en masse : nous aussi.
Reste toi-même, donc, et ne laisse tristesse
Ruiner ta santé, ta beauté, ta jeunesse;
Déclare ainsi la guerre au sort qui nous poursuit
Par ta fidélité non moins que ton mépris.
Que ton esprit m'inspire une amour infinie
Quand ma pensée en lui je verrai réfléchie.
J'en fais ici le vœu pour conforter m'amour :
Tout ce qu'ores je dis, le veux faire toujours;
Les Pôles branleront pour m'apprendre inconstance,
Et plutôt que d'amour changer de cœur je pense.
Songe que, si tu vois mon désir moins ardent,
La terre perd son feu, le ciel son mouvement.
Je pourrais dire plus, mais l'excès oratoire
Fait souvent soupçonner ce qu'on veut faire accroire;
Donc, je résume ainsi : mon amour est d'aloi
Tel que jamais n'irai chercher moindre chez toi.

ELEGIE XVI : ON HIS MISTRIS

By our first strange and fatall interview,
By all desires which thereof did ensue,
By our long starving hopes, by that remorse
Which my words masculine perswasive force
Begot in thee, and by the memory
Of hurts, which spies and rivals threatned me,
I calmly beg: But by thy fathers wrath,
By all paines, which want and divorcement hath,
I conjure thee, and all the oathes which I
And thou have sworne to seale joynt constancy,
Here I unsweare, and overswear them thus,
Thou shalt not love by wayes so dangerous.
Temper, ô faire Love, loves impetuous rage,
Be my true Mistris still, not my faign'd Page;
I'll goe, and, by thy kinde leave, leave behinde
Thee, onely worthy to nurse in my minde,
Thirst to come backe; ô if thou die before,
My soule from other lands to thee shall soare.
Thy (else Almighty) beautie cannot move
Rage from the Seas, nor thy love teach them love,
Nor tame wilde Boreas harshnesse; Thou hast reade
How roughly hee in peeces shivered
Faire Orithea, whom he swore he lov'd.
Fall ill or good, 'tis madnesse to have prov'd
Dangers unurg'd; Feed on this flattery,
That absent Lovers one in th'other be.
Dissemble nothing, not a boy, nor change
Thy bodies habite, nor mindes; bee not strange
To thy selfe onely; All will spie in thy face
A blushing womanly discovering grace;
Richly cloath'd Apes, are call'd Apes, and as soone

ÉLÉGIE XVI : A SA MAITRESSE

Par l'étrange et fatal jour qui nous fit connaître,
Et par tous les désirs qui nous en devaient naître,
Par nos espoirs longtemps affamés, les remords
Que tu conçus des mots et des mâles efforts
Auxquels tu te rendis, la cruelle mémoire
D'espions menaçants et rivaux de ma gloire,
J'implore sans courroux; mais par l'emportement
De ton père, et l'absence au douloureux tourment,
J'adjure s'il le faut : ce serment réciproque
Que nous fîmes d'aimer toujours, je le révoque;
Je me parjure, et jure ici que je ne veux
Que tu m'aimes d'amour pour toi si dangereux.
Modère, mon amour, de ton amour la rage;
Sois ma sincère amante, et non point mon feint page;
Permets-moi de partir, te laissant après moi,
Toi, seul objet qui puisse entretenir ma foi
Et ma soif de retour. Qu'auparavant tu meures :
Mon âme où qu'elle soit te rejoindra sur l'heure.
Tes charmes par ailleurs absolus seraient vains
Devant l'ire des flots; ton amour souverain
Ne peut leur enseigner l'amour, ni la furie
De Borée apaiser : souviens-toi d'Orythie
Que, jurant de l'aimer, il déchira pourtant.
Quoi qu'il advienne, il n'est qu'un fol pour vainement
Provoquer le danger; nourris-toi de ce leurre :
Séparés, les amants l'un en l'autre demeurent.
Ne dissimule point; ne déguise ton corps
Ni ton cœur; tu serais, page, connue encor
De tous hormis toi-même; on lirait sur ta face
La rougeur qui trahit de féminines grâces :
Un singe reste un singe, accoutré richement,

Ecclips'd as bright we call the Moone the Moone.
Men of France, changeable Camelions,
Spittles of diseases, shops of fashions,
Loves fuellers, and the rightest company
Of Players, which upon the worlds stage be,
Will quickly know thee, and no lesse, alas!
Th'indifferent Italian, as we passe
His warme land, well content to thinke thee Page,
Will hunt thee with such lust, and hideous rage,
As Lots *faire guests were vext. But none of these*
Nor spungy hydroptique Dutch shall thee displease,
If thou stay here. O stay here, for, for thee
England is onely a worthy Gallerie,
To walke in expectation, till from thence
Our greatest King call thee to his presence.
When I am gone, dreame me some happinesse,
Nor let thy lookes our long hid love confesse,
Nor praise, nor dispraise me, nor blesse nor curse
Openly loves force, nor in bed fright thy Nurse
With midnights startings, crying out, oh, oh
Nurse, ô my love is slaine, I saw him goe
O'r the white Alpes alone; I saw him I,
Assail'd, fight, taken, stabb'd, bleed, fall, and die.
Augure me better chance, except dread Jove
Thinke it enough for me to'have had thy love.

Et la lune est la lune, en éclipse ou brillant.
Les Français, ces caméléons, race changeante,
Étalages de mode, étuves ambulantes,
Grands tisonneurs d'amour et collège d'acteurs
Que la scène du monde admet pour le meilleur,
Te reconnaîtraient vite, hélas, et non moins vite
Le Romain qui fait feu de tout bois, en visite
Dans son pays, heureux de te croire écuyer,
Te poursuivrait des feux répugnants infligés
Aux beaux hôtes de Loth; ni eux ni leur compère,
L'hydropique Flamand, ne te sauraient déplaire
Si tu restes ici; écoute, et reste donc :
L'Angleterre est pour toi le seul digne salon
Où tu dois confiner tes pas en espérance
Que le suprême Roi t'appelle en sa présence.
Rêve-moi du bonheur quand je serai parti;
Notre amour tant caché par tes airs ne trahis;
Ne me blâme ou me loue, et ne maudis ou chante
La puissance d'amour; en ton lit n'épouvante
Par nocturnes effrois ta nourrice en criant :
« Ah! mon amant est mort; je l'ai vu franchissant
« Les blanches Alpes seul; oui, je l'ai vu surprendre,
« Assaillir, poignarder, saigner, choir, l'âme rendre! »
M'augure sort meilleur, si Jupiter ce jour
Ne m'estime comblé d'avoir eu ton amour.

ELEGIE XVII : ‹VARIETY.›

The heavens rejoyce in motion, why should I
Abjure my so much lov'd variety,
And not with many youth and love divide?
Pleasure is none, if not diversifi'd:
The sun that sitting in the chaire of light
Sheds flame into what else so ever doth seem bright,
Is not contented at one Signe to Inne;
But ends his year and with a new beginnes.
All things doe willingly in change delight,
The fruitfull mother of our appetite:
Rivers the clearer and more pleasing are,
Where their fair spreading streames run wide and farr;
And a dead lake that no strange bark doth greet,
Corrupts it self and what doth live in it.
Let no man tell me such a one is faire,
And worthy all alone my love to share.
Nature in her hath done the liberall part
Of a kinde Mistresse, and imploy'd her art
To make her loveable, and I aver
Him not humane that would turn back from her:
I love her well, and would, if need were, dye
To doe her service. But followes it that I
Must serve her onely, when I may have choice
Of other beauties, and in change rejoice?
The law is hard, and shall not have my voice.
The last I saw in all extreames is faire,
And holds me in the Sun-beames of her haire;
Her nymph-like features such agreements have
That I could venture with her to the grave:
Another's brown, I like her not the worse,
Her tongue is soft and takes me with discourse.

ÉLÉGIE XVII : INCONSTANCE

Les cieux prennent plaisir au mouvement; moi-même
Dois-je donc abjurer l'inconstance que j'aime,
Sans plus éparpiller la jeunesse et l'amour?
Il n'est point de plaisir qui soit même toujours :
Le soleil qui, assis au trône de lumière,
Vient épandre sa flamme en tout ce qui éclaire,
De loger à la même Enseigne n'est content,
Mais, son an terminé, commence un nouvel an.
On voit au changement toute chose se plaire,
Qui de notre appétit est la féconde mère :
Les fleuves sont d'autant plus clairs et plus plaisants
Que plus large et plus loin leur cours va s'étalant;
L'eau morte qui n'accueille étrangère nacelle
Se corrompt, et corrompt tout ce qui vit en elle.
Ne me dites donc point qu'il existe beauté
Digne, seule, d'avoir mon amour tout entier.
En elle, la Nature a placé, généreuse,
Toutes les qualités d'une tendre amoureuse;
Son art l'a faite aimable et, je le reconnais,
Homme ne serait point qui s'en détournerait;
Je l'aime, et je mourrais, s'il était nécessaire,
En la servant; pourtant me dois-je satisfaire
De ce service seul lorsque d'autres beautés
Je peux faire mon choix, et me plaît d'en changer?
C'est là bien dure loi, que je ne puis voter.
Je vis dernièrement une blonde personne;
Ses cheveux de soleil en leurs rais m'emprisonnent;
Son visage de nymphe a des charmes si beaux
Que je pourrais aller avec elle au tombeau.
Une autre est brune, mais ne m'en est pas moins chère,
Car sa langue est de miel, ses discours me conquièrent;

Others, for that they well descended are,
Do in my love obtain as large a share;
And though they be not fair, 'tis much with mee
To win their love onely for their degree.
And though I faile of my required ends,
The attempt is glorious and it self commends.
How happy were our Syres in ancient times,
Who held plurality of loves no crime!
With them it was accounted charity
To stirre up race of all indifferently;
Kindreds were not exempted from the bands:
Which with the Persian still in usage stands.
Women were then no sooner asked then won,
And what they did was honest and well done.
But since this title honour hath been us'd,
Our weake credulity hath been abus'd;
The golden laws of nature are repeald,
Which our first Fathers in such reverence held;
Our liberty's revers'd, our Charter's gone,
And we're made servants to opinion,
A monster in no certain shape attir'd,
And whose originall is much desir'd,
Formlesse at first, but growing on it fashions,
And doth prescribe manners and laws to nations.
Here love receiv'd immedicable harmes,
And was dispoiled of his daring armes.
A greater want then is his daring eyes,
He lost those awfull wings with which he flies;
His sinewy bow, and those immortall darts
Wherewith he'is wont to bruise resisting hearts.
Onely some few strong in themselves and free
Retain the seeds of antient liberty,
Following that part of Love although deprest,
And make a throne for him within their brest,
In spight of modern censures him avowing
Their Soveraigne, all service him allowing,
Amongst which troop although I am the least,
Yet equall in perfection with the best,
I glory in subjection of his hand,

D'autres, pour ce que sont filles d'un noble sang,
Ont droit en mon amour à non moins digne rang;
Et même sans beauté je tiens à suffisance
De gagner leur amour rien que pour leur naissance;
Et même si j'échoue au but que je cherchais,
Cet effort glorieux en lui-même est assez.
Ah! qu'était grand jadis le bonheur de nos pères
Qui de plusieurs amours ne faisaient adultère,
Car chez eux l'on tenait alors pour charité
D'éveiller entre tous même rivalité;
La famille pliait à cette servitude
Dont parmi les Persans demeure l'habitude.
Pour avoir une femme un seul mot suffisait,
Et ce qu'elles faisaient était droit et bien fait.
Mais depuis que Vertu est en titre affichée
Notre crédulité débile est abusée :
Les lois d'or de Nature ont perdu leur effet,
Que nos père jadis tenaient en tel respect;
Voici que nous perdons notre Charte et franchise
Et qu'à l'opinion nos âmes sont soumises,
Ce monstre, de façon incertaine accoutré,
Et dont l'original est toujours désiré,
Qui, de modes parant son absence de forme,
Prescrit aux nations et leurs mœurs, et leurs normes.
Là, de maux sans remède Amour fut affligé,
Et de son fier harnois fut tantôt dépouillé;
Tort plus grand que ses yeux au regard indomptable,
Il perdit pour voler ses ailes redoutables,
Et son arc vigoureux, et les dards infinis
Dont jadis il navrait les cœurs des insoumis.
Seuls quelques hommes forts et libres revendiquent
La semence d'où vint la liberté antique :
Fidèles au parti d'Amour, bien qu'opprimé,
Tout au fond de leur cœur ils l'ont intronisé,
Le confessant, malgré les censeurs de cet âge,
Pour Suzerain, auquel ils doivent vasselage;
Et même si je suis le moindre dans leurs rangs,
Dans la perfection j'égale les plus grands :
C'est grand'gloire pour moi que sa main me régisse;

Nor ever did decline his least command:
For in whatever forme the message came
My heart did open and receive the same.
But time will in his course a point discry
When I this loved service must deny,
For our allegiance temporary is,
With firmer age returnes our liberties.
What time in years and judgement we repos'd,
Shall not so easily be to change dispos'd,
Nor to the art of severall eyes obeying;
But beauty with true worth securely weighing,
Which being found assembled in some one,
Wee'l love her ever, and love her alone.

J'ai toujours obéi à son moindre caprice,
Et, quel que fût l'aspect du message qui vint,
Mon cœur toujours ouvert ne le reçut pas moins.
Mais le temps en son cours dira le point propice
Où je devrai cesser ce bienaimé service,
Puisque notre allégeance est chose d'un moment,
Et qu'un âge plus mûr nos libertés nous rend :
Un temps viendra, dicté par la raison et l'âge,
Qui nous fera moins prompts à nous montrer volages
Et à l'art de servir plusieurs yeux à la fois;
Mais, mérite à beauté servant de contrepoids,
Si nous trouvons les deux unis chez quelque belle,
Nous l'aimerons toujours, et n'aimerons plus qu'elle.

ELEGIE XVIII : LOVES PROGRESS

Who ever loves, if he do not propose
The right true end of love, he's one that goes
To sea for nothing but to make him sick:
Love is a bear-whelp born, if we o're lick
Our love, and force it new strange shapes to take,
We erre, and of a lump a monster make.
Were not a Calf a monster that were grown
Face'd like a man, though better then his own?
Perfection is in unitie: preferr
One woman first, and then one thing in her.
I, when I value gold, may think upon
The ductilness, the application,
The wholsomness, the ingenuitie,
From rust, from soil, from fire ever free:
But if I love it, 'tis because 'tis made
By our new nature (Use) the soul of trade.
All these in women we might think upon
(If women had them) and yet love but one.
Can men more injure women then to say
They love them for that, by which they're not they?
Makes virtue woman? must I cool my bloud
Till I both be, and find one wise and good?
May barren Angels love so. But if we
Make love to woman; virtue is not she:
As beauty'is not nor wealth: He that strayes thus
From her to hers, is more adulterous,
Then if he took her maid. Search every spheare
And firmament, our Cupid *is not there:*
He's an infernal god and under ground,
With Pluto *dwells, where gold and fire abound:*
Men to such Gods, their sacrificing Coles

ÉLÉGIE XVIII : LE VOYAGE D'AMOUR

Aimer sans aspirer au légitime terme
De l'amour, c'est vouloir quitter la terre ferme
Pour nul autre plaisir qu'avoir le mal de mer.
L'amour est un ourson : à le trop pourlécher,
De force lui donnant forme neuve et bizarre,
D'un bloc informe on fait un monstre, et l'on s'égare.
Un visage d'humain ferait monstre d'un veau
Même si ce visage est des deux le plus beau.
Toute perfection dans l'unité repose :
Choisis donc une femme, et en elle une chose.
Jugeant du prix de l'or je puis considérer
Ses usages divers ou sa ductilité,
Sa grande pureté, sa candide nature,
A jamais à l'abri de feu, rouille ou souillure;
Mais le nouvel esprit pratique a fait de lui
L'âme de tout commerce, et il m'est cher ainsi.
La femme les eût-elle, on pourrait en chacune
Juger ces qualités, mais n'en aimer rien qu'une :
A femme nuit-on plus qu'en la disant aimer
Pour ce qui la retient d'être bien ce qu'elle est?
Si la femme est vertu, faut-il que je m'engage
A attendre, assagi, d'en trouver une sage?
Cet amour-là convient aux Anges inféconds :
Elle n'est point vertu, celle que nous aimons,
Ni fortune ou beauté, et celui-là qui erre
D'elle à ses attributs est bien plus adultère
Que s'il prend sa servante; on fouillerait en vain
Les sphères et le ciel : Cupidon n'y est point.
C'est un dieu des enfers, et qui gîte sous terre,
Près de Pluton, où l'or et les flammes prospèrent;
Les hommes pour ces dieux disposaient leurs tisons

Did not in Altars lay, but pits and holes.
Although we see Celestial bodies move
Above the earth, the earth we Till and love:
So we her ayres contemplate, words and heart,
And virtues; but we love the Centrique part.
Nor is the soul more worthy, or more fit
For love, then this, as infinite as it.
But in attaining this desired place
How much they erre; that set out at the face?
The hair a Forest is of Ambushes,
Of springes, snares, fetters and manacles:
The brow becalms us when 'tis smooth and plain,
And when 'tis wrinckled, shipwracks us again.
Smooth, 'tis a Paradice, where we would have
Immortal stay, and wrinkled 'tis our grave.
The Nose (like to the first Meridian) runs
Not'twixt an East and West, but 'twixt two suns;
It leaves a Cheek, a rosie Hemisphere
On either side, and then directs us where
Upon the Islands fortunate we fall,
(Not faynte Canaries, *but* Ambrosiall*)*
Her swelling lips; To which when wee are come,
We anchor there, and think our selves at home,
For they seem all: there Syrens songs, and there
Wise Delphick Oracles do fill the ear;
There in a Creek where chosen pearls do swell,
The Remora, *her cleaving tongue doth dwell.*
These, and the glorious Promontory, her Chin
Ore past; and the streight Hellespont *betweene*
The Sestos *and* Abydos *of her breasts,*
(Not of two Lovers, but two Loves the neasts)
Succeeds a boundless sea, but yet thine eye
Some Island moles may scattered there descry;
And Sailing towards her India, *in that way*
Shall at her fair Atlantick Navell stay;
Though thence the Current be thy Pilot made,
Yet ere thou be where thou wouldst be embay'd,
Thou shalt upon another Forest set,
Where many Shipwrack, and no further get.

Non point sur des autels, mais dans des trous profonds.
On voit tourner maint astre au-dessus de la terre :
C'est la terre pourtant qu'on cultive et vénère;
Ainsi nous contemplons ses mots, son cœur, ses airs,
Et ses vertus, mais seul son Centre nous est cher.
  L'âme n'a pour l'amour plus grand titre ou mérite
Que cette région comme elle sans limites;
Mais pour atteindre enfin ce lieu tant désiré
Quand on part du visage, ah! qu'on est égaré!
Les cheveux sont forêt, d'embûches toute pleine,
De pièges et de fers, de trappes et de chaînes.
Le front est calme plat s'il est lisse et serein;
Qu'il vienne à se plisser, le naufrage est certain;
Serein, c'est un Eden où nos desseins succombent
A un séjour sans fin; et plissé, notre tombe.
Le nez passe, au premier méridien pareil,
Non entre l'Est et l'Ouest, mais entre deux soleils;
De part et d'autre il laisse, hémisphère de rose,
Une joue, et pour but ensuite nous propose
Des Iles Fortunées qui pour nous ne sont point
Les fades Canaries, mais Ambroisie au moins :
Ses lèvres pleines. Là, quand notre nef arrive,
L'ancre jetons, croyant toucher à notre rive,
Car tout semble être ici : des Sirènes le chant
Et l'oracle delphique emplissent notre sens.
C'est là qu'en une baie où croît l'huître perlière
Sa langue, Rémora tenace, a son repaire.
Plus loin, doublé le cap glorieux du menton,
Et franchi ce détroit qui gît comme Hellespont
Entre ses seins, Sestos et Abydos plus riches,
Où deux amours au lieu de deux amants se nichent,
S'ouvre une mer sans fin où l'œil peut discerner
Des îles çà et là : quelques grains de beauté.
Vers son Inde voguant, lors ton voyage implique
Que tu fasses escale au nombril Atlantique;
Et de là le courant te peut bien piloter :
Avant que de toucher où tu voudrais mouiller,
Tu trouveras encor une forêt nouvelle
Où plus d'un s'échoua, sans aller plus loin qu'elle.

When thou art there, consider what this chace
Mispent by thy beginning at the face.
Rather set out below; practice my Art,
Some Symetry the foot hath with that part
Which thou dost seek, and is thy Map for that
Lovely enough to stop, but not stay at,
Least subject to disguise and change it is;
Men say the Devil never can change his.
It is the Emblem that hath figured
Firmness; 'tis the first part that comes to bed.
Civilitie we see refin'd: the kiss
Which at the face began, transplanted is,
Since to the hand, since to the Imperial knee,
Now at the Papal foot delights to be:
If Kings think that the nearer way, and do
Rise from the foot, Lovers may do so too;
For as free Spheres move faster far then can
Birds, whom the air resists, so may that man
Which goes this empty and Ætherial way,
Then if at beauties elements he stay.
Rich Nature hath in women wisely made
Two purses, and their mouths aversely laid:
They then, which to the lower tribute owe,
That way which that Exchequer looks, must go :
He which doth not, his error is as great,
As who by Clyster gave the Stomack meat.

En ces lieux arrivé, songe combien d'efforts
Tu perdis en partant du visage pour port.
  Pars donc plutôt du bas; pratique ma science :
Le pied avec ton but a quelque connivence;
C'est sur ta carte un lieu qu'on voit charmant assez
Pour s'arrêter un peu, mais non pour demeurer.
Il risque moins que tout qu'on le change ou déguise :
Satan même, dit-on, n'en dispose à sa guise;
De la stabilité c'est l'emblème choisi,
Et c'est lui le premier qui entre dans le lit.
On voit se raffiner les égards : du visage
Que le baiser visait d'abord, un autre usage
L'adresse aux mains, puis aux genoux de l'Empereur;
Aux pieds du Pape enfin il trouve son bonheur.
Si c'est là pour les Rois la route la plus vite,
Et s'ils partent du pied, que l'amant les imite :
Comme une Sphère libre a plus prompt mouvement
Que l'oiseau que l'air freine, un homme également,
S'il choisit ce chemin éthéré dans sa quête,
Au lieu que de beauté les éléments l'arrêtent.
Nature, riche et sage, aux femmes a donné
Deux trésors, dont l'accès est de sens opposé;
Qui dans l'inférieur prétend faire largesse
Doit suivre le chemin qui conduit à sa caisse;
Il erre autant sinon que celui qui tenta
Par clystère jadis de nourrir l'estomac.

ELEGIE XIX : GOING TO BED

Come, Madam, come, all rest my powers defie,
Until I labour, I in labour lie.
The foe oft-times having the foe in sight,
Is tir'd with standing though he never fight.
Off with that girdle, like heavens Zone glittering,
But a far fairer world incompassing.
Unpin that spangled breastplate which you wear,
That th'eyes of busie fooles may be stopt there.
Unlace your self, for that harmonious chyme,
Tells me from you, that now it is bed time.
Off with that happy busk, which I envie,
That still can be, and still can stand so nigh.
Your gown going off, such beautious state reveals,
As when from flowry meads th'hills shadow steales
Off with that wyerie Coronet and shew
The haiery Diademe which on you doth grow:
Now off with those shooes, and then safely tread
In this loves hallow'd temple, this soft bed.
In such white robes, heavens' Angels us'd to be
Receavd by men; Thou Angel bringst with thee
A heaven like Mahomets Paradise; and though
Ill spirits walk in white, we easly know,
By this these Angels from an evil sprite,
Those set our hairs, but these our flesh upright.
   Licence my roaving hands, and let them go,
Before, behind, between, above, below.
O my America! my new-found-land,
My kingdome, safeliest when with one man man'd
My Myne of precious stones, My Emperie,
How blest am I in this discovering thee!

ÉLÉGIE XIX :
LE COUCHER DE SA MAITRESSE

Madame, allons! la fièvre du labeur m'empoigne,
Et je meurs de besoin si je ne m'embesoigne!
L'ennemi qui souvent aperçoit l'ennemi
Sans jamais l'engager n'est plus tant affermi.
Otez cette ceinture, heureuse galaxie
De l'astre le plus beau de la cosmographie;
Dégrafez maintenant l'éclatant corselet
Où s'arrête des sots le regard indiscret;
Délacez-vous : cette musique ensorceleuse
M'annonce du coucher l'heure délicieuse.
Otez ce busc heureux que toujours j'envierai
De demeurer si calme en demeurant si près.
Votre robe enlevée évoque la féerie
De l'ombre abandonnant la campagne fleurie.
Otez ce tortil roide, et que brille à mes yeux
Le diadème seul de vos souples cheveux.
Et maintenant, pieds nus, et d'un pas peu farouche,
Pénétrez dans le temple, en cette molle couche.
C'est dans ce blanc linon que les Anges, jadis,
Aux hommes paraissaient. Le divin Paradis
Qui partout t'accompagne est celui du Prophète;
S'il arrive qu'un Noir Esprit de blanc se vête,
Il n'est point malaisé de percer son faux air :
Il peut bien faire arcer le poil, mais pas la chair.
Laisse, laisse quêter ma main buissonnière
Par-dessus, par-dessous, entre, devant, derrière!
Terre-Neuve! Amérique! ô ma possession,
Qu'un seul homme garnit mieux qu'une garnison!
Ma mine de pierres précieuses! mon Empire,
Dont l'exploration m'est bienheureux délire!

To enter in these bonds, is to be free;
Then where my hand is set, my seal shall be.
Full nakedness! All joyes are due to thee,
As souls unbodied, bodies uncloth'd must be,
To taste whole joyes. Gems which you women use
Are like Atlanta's balls, cast in mens views,
That when a folls eye lighteth on a Gem,
His earthly soul may covet theirs, not them.
Like pictures, or like books gay coverings made
For lay-men, are all women thus array'd;
Themselves are mystick books, which only wee
(Whom their imputed grace will dignifie)
Must see reveal'd. Then since that I may know;
As liberally, as to a Midwife, shew
Thy self: cast all, yea, this white lynnen hence,
Here is no pennance, much less innocence.
To teach thee, I am naked first; why than
What needst thou have more covering then a man.

A qui entre en ces nœuds liberté point ne faut :
Donc, où j'ai mis la main j'apposerai mon sceau.
  Totale nudité, toutes joies te sont dues !
Il n'est qu'âmes sans chair et que chairs dévêtues
Pour jouir pleinement. Femmes, vos affiquets
Sont pommes d'Atalante, offertes aux benêts,
Dont les yeux allumés de terrestre appétence,
Convoitant l'attribut, négligent la substance.
Tableau, libre profane et richement relié.
De la Femme tel est l'aspect séculier.
Mais en Livre Mystique elle ne doit paraître,
Faire honneur de la grâce imputée à son être,
Qu'à nous seuls. Aussi bien, pour mon enseignement,
Comme à la sage-femme, offre-toi, largement.
Ote, ôte ce lin candide ! La pénitence
Ici n'est pas de mise, encor moins l'innocence.
  Regarde, je suis nu. Je ne vois pas pourquoi
Tu te voudrais couvrir d'autre chose que moi.

Pièces diverses

HEROICALL EPISTLE : SAPHO TO PHILÆNIS

Where is that holy fire, which Verse *is said*
To have? is that inchanting force decai'd?
Verse *that drawes* Natures *workes, from* Natures *law,*
Thee, her best worke, to her worke cannot draw.
Have my teares quench'd my old Poetique *fire;*
Why quench'd they not as well, that of desire?
Thoughts, my mindes creatures, often are with thee,
But I, their maker, want their libertie.
Onely thine image, in my heart, doth sit,
But that is waxe, and fires environ it.
My fires have driven, thine have drawne it hence;
And I am rob'd of Picture, Heart, *and* Sense.
Dwells with me still mine irksome Memory,
Which, both to keepe, and lose, grieves equally.
That tells me'how faire thou art: Thou art so faire,
As, gods, *when* gods *to thee I doe compare,*
Are grac'd thereby; And to make blinde men see,
What things gods *are, I say they'are like to thee.*
Dor, if we justly call each silly man
A litle world, *What shall we call thee than?*
Thou art not soft, and cleare, and strait, and faire,
As Down, *as* Stars, Cedars, *and* Lillies *are,*
But thy right hand, and cheek, and eye, only
Are like thy other hand, and cheek, and eye.
Such was my Phao *awhile, but shall be never,*
As thou, wast, art, and, oh, maist be ever.
Here lovers sweare in their Idolatrie,
That I am such; but Griefe *discolors me.*
And yet I grieve the lesse, least Griefe *remove*
My beauty, and make me'unworthy of thy love.
Plaies some soft boy with thee, oh there wants yet

ÉPITRE HÉROIQUE : SAPPHO A PHILENIS

Où est ce feu sacré qu'il nous plaît de prêter
Aux vers ? Ont-ils perdu leur pouvoir d'enchanter ?
A mon vers se soumet l'œuvre de la Nature,
Et je ne puis soumettre à moi sa créature.
Mes larmes ont noyé ma poétique ardeur :
Que n'ont-elles noyé celle aussi de mon cœur !
Des pensers nés de mon esprit te font cortège,
Mais moi, qui les conçus, je n'ai leur privilège.
Ton portrait seul je garde, en mon cœur installé,
Mais las ! il est de cire, et de feux encerclé :
Il fuit devant mes feux, les tiens au loin l'emportent,
Et je perds cœur, image et raison de la sorte;
Seul me reste à présent mon triste souvenir,
Qui n'est pas moins cruel à garder qu'à bannir.
Voici qui me dit ta beauté : tu es si belle
Que si je te compare avec quelque immortelle
C'est pour elle un honneur; et pour donner la foi
A qui nierait les dieux, je les dis tels que toi.
S'il est juste de voir un abrégé du monde
En chaque homme, à quel nom faut-il que tu répondes ?
Tu n'as point la douceur, l'éclat ou la beauté
Du grand cèdre ou du lis, de l'astre ou du duvet,
Mais ta joue et ta main, ta lèvre et ton oreille,
N'ont d'égales qu'en toi, où elles s'appareillent.
Semblable à mon Phaon dont le temps fut trop court
Je t'ai vue et te vois, et voudrais voir toujours.
Maint amant jure ici dans son idolâtrie
Que telle est ma beauté, mais le deuil m'a flétrie :
J'y mets un frein pourtant, craignant qu'il m'aille ôter
Mes appas, et me rende indigne de t'aimer.
Tu te prêtes aux jeux d'adolescents imberbes,

A mutuall feeling which should sweeten it.
His chinne, a thorny hairy unevennesse
Doth threaten, and some daily change possesse.
Thy body is a naturall Paradise,
In whose selfe, unmanur'd, all pleasure lies,
Nor needs perfection; *why shouldst thou than*
Admit the tillage of a harsh rough man?
Men leave behinde them that which their sin showes,
And are as theeves trac'd, which rob when it snows.
But of our dallyance no more signes there are,
Then fishes *leave in streames, or* Birds *in aire.*
And betweene us all sweetnesse may be had;
All, all that Nature *yields, or* Art *can adde.*
My two lips, eyes, thighs, differ from thy two,
But so, as thine from one another doe;
And, oh, no more; the likenesse being such,
Why should they not alike in all parts touch?
Hand to strange hand, lippe to lippe none denies;
Why should they brest to brest, or thighs to thighs?
Likenesse begets such strange selfe flatterie,
That touching my selfe, all seemes done to thee.
My selfe I embrace, and mine owne hands I kisse,
And amorously thanke my selfe for this.
Me, in my glasse, I call thee; But, alas,
When I would kisse, teares dimme mine eyes, *and* glasse.
O cure this loving madnesse, and restore
Me to mee; thee, my halfe, *my* all, *my* more.
So may thy cheekes red outweare scarlet dye,
And their white, whitenesse of the Galaxy,
So may thy mighty, amazing beauty move
Envy'*in all* women, *and in all* men, love,
And so be change, *and* sicknesse, *farre from thee,*
As thou by comming neere, keep'st them from me.

Mais vos sens différents font le plaisir acerbe;
Leur menton, de broussaille et de poil menacé,
Change de jour en jour, et devient hérissé.
Ton corps est paradis où croissent sans culture
Toutes les voluptés à l'état de nature;
On ne le peut parfaire; adonc pourquoi laisser
Quelque rustre brutal le venir labourer?
La preuve du péché demeure où l'homme passe
Comme on suit dans la neige un voleur à sa trace :
Mais nos tendres ébats laissent signes moins clairs
Que dans l'eau le poisson, ou l'oiseau dans les airs.
Nous avons entre nous la somme des caresses
Que permet la Nature, et qu'ajoute l'adresse,
Et nous nous distinguons par les membres, les yeux,
Tout ainsi que les tiens se distinguent entre eux,
Mais non plus. Ayant donc pareille ressemblance,
Pourquoi de nos deux corps retarder l'accointance?
On se donne, étrangers, les lèvres ou la main :
Pourquoi nous refuser nos cuisses, ou nos seins?
La ressemblance engendre une erreur si traîtresse
Que, caressant mon corps, c'est toi que je caresse;
Je me baise les mains et m'étreins follement
Pour m'en remercier très amoureusement;
J'appelle par ton nom mon reflet dans la glace,
Mais la glace et mes yeux s'embuent quand je l'embrasse.
Guéris mon mal d'amour, à moi-même rends-moi,
Toi qui es ma moitié, mon tout, mon plus que moi.
Ta joue éclipsera la pourpre ainsi rougie,
Et plus blanche sera que n'est la Galaxie;
Tes charmes étonnants pousseront tour à tour
Chaque femme à l'envie et chaque homme à l'amour,
Et loin de toi fuiront langueur et inconstance
Si, venant près de moi, m'en garde ta présence.

SATYRE II

Sir; though (I thanke God for it) I do hate
Pefectly all this towne, yet there's one state
In all ill things so excellently best,
That hate, toward them, breeds pitty toward the rest.
Though Poëtry indeed be such a sinne
As I thinke That brings dearths, and Spaniards in,
Though like the Pestilence and old fashion'd love,
Ridlingly it catch men; and doth remove
Never, till it be sterv'd out; yet their state
Is poore, disarm'd, like Papists, not worth hate.
One, (like a wretch, which at Barre judg'd as dead,
Yet prompts him which stands next, and cannot reade,
And saves his life) gives ideot actors meanes
(Starving himselfe) to live by his labor'd sceanes;
As in some Organ, Puppits dance above
And bellows pant below, which them do move.
One would move Love by rithmes; but witchcrafts charms
Bring not now their old feares, nor their old harmes:
Rammes, and slings now are seely battery,
Pistolets are the best Artillerie.
And they who write to Lords, rewards to get,
Are they not like singers at doores for meat?
And they who write, because all write, have still
That excuse for writing, and for writing ill;
But hee is worst, who (beggarly) doth chaw
Others wits fruits, and in his ravenous maw
Rankly digested, doth those things out-spue,
As his owne things; and they are his owne, 'tis true,
For if one eate my meate, though it be knowne
The meate was mine, th'excrement is his owne:
But these do mee no harme, nor they which use

SATIRE II

Monsieur, si, Dieu merci, j'abhorre cette ville
Autant qu'on le peut faire, il n'est chose si vile
Qui n'excelle du moins par une qualité :
On prend, quand on la hait, tout le reste en pitié.
Bien que soit tel péché, vraiment, l'art du poète
Qu'on lui doit l'Espagnol, je pense, et la disette,
Bien que comme la peste et l'amour de jadis
Il soit contagieux, et puisse être banni
Par la faim seulement, cet état faible et triste
Ne vaut d'être haï plus qu'on hait les papistes.
Tel (comme un malheureux qui, à mort condamné,
Souffle ce qu'il faut dire au voisin illettré
Et le sauve) fait vivre, en peinant à ses drames,
D'imbéciles acteurs quand lui-même il s'affame :
Comme pantins qu'on voit sur un orgue danser,
Qu'animent par-dessous les ahans du soufflet.
Tel voudrait que son vers fît aimer, mais les Charmes
N'ont plus tant qu'autrefois de pouvoir ni d'alarmes :
C'est un pauvre attirail que fronde ou que bélier
Quand pour artillerie on a le pistolet.
Ceux qui flattent les Grands pour avoir récompense
Sont tels ces mendiants chantant pour leur pitance.
Qui suit en écrivant l'exemple général
S'excuse ainsi d'écrire, et de le faire mal.
Pis encor, vous avez ce mendiant qui mâche
Les fruits d'autres esprits, qu'ensuite il vous recrache,
Dans sa panse vorace à peine digérés,
Comme s'ils étaient siens; ils le sont, il est vrai,
Car si quelqu'un mangeait ma viande, encor qu'on tienne
La viande pour mon bien, la merde serait sienne!
  Mais même tort me font ceux qui vont recoustrer

To out-doe Dildoes, and out-usure Jewes;
To out-drinke the sea, to out-sweare the Letanie;
Who with sinnes all kindes as familiar bee
As Confessors; and for whose sinfull sake,
Schoolemen new tenements in hell must make:
Whose strange sinnes, Canonists could hardly tell
In which Commandements large receit they dwell.
But these punish themselves; the insolence
Of Coscus onely breeds my just offence,
Whom time (which rots all, and makes botches poxe,
And plodding on, must make a calfe an oxe)
Hath made a Lawyer, which was (alas) of late
But a scarce Poët; jollier of this state,
Then are new benefic'd ministers, he throwes
Like nets, or lime-twigs, wheresoever he goes,
His title of Barrister, on every wench,
And wooes in language of the Pleas, and Bench:
A motion, Lady; Speake Coscus; I have beene
In love, ever since tricesimo *of the Queene,*
Continuall claimes I have made, injunctions got
To stay my rivals suit, that hee should not
Proceed; spare mee; In Hillary terme I went,
You said, If I return'd next size in Lent,
I should be in remitter of your grace;
In th'interim my letters should take place
Of affidavits: words, words, which would teare
The tender labyrinth of a soft maids eare,
More, more, then ten Sclavonians scolding, more
Then when winds in our ruin'd Abbeyes rore.
When sicke with Poëtrie, and possest with muse
Thou wast, and mad, I hop'd; but men which chuse
Law practise for meere gaine, bold soule, repute
Worse then imbrothel'd strumpets prostitute.
Now like an owlelike watchman, hee must walke
His hand still at a bill, now he must talke
Idly, like prisoners, which whole months will sweare
That onely suretiship hath brought them there,
And to every suitor lye in every thing,
Like a Kings favourite, yea like a King;

Plus fort que godmichés, plus que Juifs extorquer,
Boire plus que la mer, plus que la Litanie
Jurer; qui des péchés ont science infinie
Autant que confesseurs; pour qui doivent les clercs
Inventer de nouveaux domaines en enfer;
Et dont le canoniste en défaut se demande
De quel Commandement leurs noirs péchés dépendent;
En eux-mêmes ceux-là trouvent leur châtiment;
Seul, l'insolent Coscus m'indigne justement.
Le Temps qui, gâtant tout, de boutons fait vérole,
Et d'un veau fait un bœuf en son cours, de ce drôle
Hier maigre poète a fait un avocat;
Ores, plus éjoui de ce nouvel état
Qu'un prêtre à son premier bénéfice, il vous jette
Son titre d'avocat en tous lieux à la tête
Des femmes qu'il peut voir, comme rets ou gluaux,
Parlant pour courtiser la langue du Barreau :
« — Madame, une requête... » « — Oui, Coscus... » « — Je vous [aime
« Depuis que de ce règne on fêta l'an trentième;
« Sans cesse j'ai esté, fait opposition,
« Voulant de mon rival suspendre l'action... »
« — Grâce! » « — Vous m'avez dit aux assises d'Hilaire
« Qu'en Carême vous me feriez bénéficiaire
« D'un arrêt qui sur vous rétablirait mes droits,
« Et que dans l'intérim mes lettres auraient poids
« De déposition... » Des mots, qui vous houspillent
Le cornet délicat d'une oreille de fille
Plus que dix Esclavons qui braillent, ou le vent
Quand dans nos abbayes en ruine il va hurlant.
Quand tu n'étais qu'un fol possédé par la Muse
Et le mal de rimer, j'espérais; mais qui use
Du droit pour s'enrichir, impudent, a renom
Pire que les putains besognant en maison.
Tel un homme du guet tantôt il se promène
Un mandat à la main, et tantôt se démène
Ainsi que ces captifs qui des mois vont jurant
Qu'ils ne sont en prison qu'au titre de garants
Et à tous les plaignants ne disent que mensonges,

Like a wedge in a blocke, wring to the barre,
Bearinglike Asses; and more shamelesse farre
Then carted whores, lye, to the grave Judge; for
Bastardy abounds not in Kings titles, nor
Symonie and Sodomy in Churchmens lives,
As these things do in him; by these he thrives.
Shortly (as the sea) hee will compasse all our land;
From Scots, to Wight; from Mount, to Dover strand.
And spying heires melting with luxurie,
Satan will not joy at their sinnes, as hee.
For as a thrifty wench scrapes kitching-stuffe,
And barrelling the droppings, and the snuffe,
Of wasting candles, which in thirty yeare
(Relique-like kept) perchance buyes wedding geare;
Peecemeale he gets lands, and spends as much time
Wringing each Acre, as men pulling prime.
In parchments then, large as his fields, hee drawes
Assurances, bigge, as gloss'd civill lawes,
So huge, that men (in our times forwardnesse)
Are Fathers of the Church for writing lesse.
These hee writes not; nor for these written payes,
Therefore spares no length; as in those first dayes
When Luther was profest, He did desire
Short Pater nosters, *saying as a Fryer*
Each day his beads, but having left those lawes,
Addes to Christs prayer, the Power and glory clause.
But when he sells or changes land, he'impaires
His writings, and (unwatch'd) leaves out, ses heires,
As slily as any Commenter goes by
Hard words, or sense; or in Divinity
As controverters, in vouch'd Texts, leave out
Shrewd words, which might against them cleare the doubt.
Where are those spred woods which cloth'd hertofore
Those bought lands? not built, nor burnt within dore.
Where's th'old landlords troops, and almes? In great hals
Carthusians fasts, and fulsome Bachanalls
Equally I hate; meanes blesse; in rich mens homes
I bid kill some beasts, but no Hecatombs,

Tels favoris des rois, ou rois, quand on y songe;
Qui, tels coins en un tronc, à la barre rivés
Font les ânes, et sont encor plus éhontés
Quand ils mentent en cour qu'un tombereau de filles.
On voit moins de bâtards aux rois, dans leur famille,
De simonie ou sodomie en le clergé,
Que de feintes chez lui, qui le font prospérer.
Peu s'en faut que bientôt comme la mer il couvre
Nos frontières, d'Écosse à Wight, de Mount à Douvres :
Quand il voit héritiers fondre dans les excès
Satan n'est plus que lui joyeux de leurs péchés,
Car comme une souillon économe amoncelle
Rogatons de cuisine et vieux bouts de chandelle
Dans l'espoir d'en payer, gardés dévotement,
Une robe de noce après quelque trente ans
Il rassemble des champs, et chaque arpent exprime
En moins de temps que met un moine à sonner prime.
Puis en des parchemins vastes comme ses champs
Ses titres sont transcrits en recueil aussi grands
Que tout le droit civil avec gloses : les hommes
Sont Pères de l'Église, ores, pour moindre Somme!
Mais n'écrivant lui-même et n'en payant le prix
Il ne regarde point au temps : Luther jadis
Voulait à ses débuts ainsi faire réduire
Le Pater qu'il devait chaque jour, moine, dire
En son rosaire; mais, sorti de cet état,
La clause de Puissance et Gloire y rajouta.
Plus : à l'insu de tous ses écrits il altère,
Et il omet « ses hoirs » dans les ventes de terre
Aussi subtilement que les commentateurs
Passent un mot ardu, ou que les disputeurs
Dans un texte établi sans vergogne éliminent
Les mots malencontreux qui feraient leur ruine.
Où sont les vastes bois qui recouvraient jadis
Les terres qu'il acquit? Ni brûlés, ni bâtis.
Les gens, la charité des vieux propriétaires?
Je hais l'orgie autant que les jeûnes austères
Des Chartreux, et bénis la mesure au château :
Que le riche en festins n'use tout son troupeau;

None starve, none surfet so; But (Oh) we allow,
Good workes as good, but out of fashion now,
Like old rich wardrops; but my words none drawes
Within the vast reach of th'huge statute lawes.

Qu'il se garde d'excès autant que de disette.
Bonté reste bonté, mais aussi désuète
Que beaux atours d'antan, et ne saurait ma voix
L'amener jusqu'aux bras, longs pourtant, de la Loi.

EPIGRAMS

HERO AND LEANDER

Both rob'd of aire, we both lye in one ground,
Both whom one fire had burnt, one water drownd.

NIOBE

By childrens births, and death, I am become
So dry, that I am now mine owne sad tombe.

FALL OF A WALL

Under an undermin'd, and shot-bruis'd wall
A too-bold Captaine perish'd by the fall,
Whose brave misfortune, happiest men envi'd,
That had a towne for tombe, his bones to hide.

A SELFE ACCUSER

Your mistris, that you follow whores, still taxeth you:
'Tis strange that she should thus confesse it, though'it be true.

A LICENTIOUS PERSON

Thy sinnes and haires may no man equall call,
For, as thy sinnes increase, thy haires doe fall.

ÉPIGRAMMES

HÉRO ET LÉANDRE

De même privés d'air, gisons en même terre;
Même feu nous brûla, mêmes eaux nous noyèrent.

NIOBE

Enfantement et mort m'ont si bien desséchée
Qu'ores suis pour moi-même un triste mausolée.

LA CHUTE D'UN MUR

Dessous un mur sapé, par le canon meurtri,
Un soldat trop hardi mourut enseveli;
En son malheur les plus fortunés l'envièrent
D'avoir pour monument une cité entière.

CONFESSION

Ta maîtresse prétend que tu cours les catins :
D'elle, l'aveu surprend, encore que soit certain.

UN LIBERTIN

Tes péchés ne sauraient tes cheveux égaler,
Car tombent tes cheveux quand croissent tes péchés.

ANTIQUARY

If in his Studie he hath so much care
To'hang all old strange things, let his wife beware.

DISINHERITED

Thy father all from thee, by his last Will,
Gave to the poore; Thou hast good title still.

PHRYNE

Thy flattering picture, Phryne, *is like thee,*
Onely in this, that you both painted be.

KLOCKIUS

Klockius *so deeply hath sworne, ne'r more to come*
In bawdie house, that hee dares not goe home.

L'ANTIQUAIRE

Si dans son cabinet, il prend les vieilles hardes
Avec autant de soin, que sa femme s'en garde !

DÉSHÉRITÉ

Par testament ton père aux pauvres a laissé
Tout le bien qu'il avait : tes droits restent entiers.

PHRYNÉ

Cette flatteuse image, ô Phryné, t'est fidèle
En ce point seulement : tu es peinte comme elle.

KLOCKIUS

Klockius a tant juré de ne plus retourner
Au bordel que chez lui n'ose mettre les pieds.

Chansons et Sonnets

(SONGS & SONETS)

THE GOOD-MORROW

I Wonder by my troth, what thou, and I
Did, till we lov'd? were we not wean'd till then?
But suck'd on countrey pleasures, childishly?
Or snorted we in the seaven sleepers den?
T'was so; But this, all pleasures fancies bee.
If ever any beauty I did see,
Which I desir'd, and got, t'was but a dreame of thee.

And now good morrow to our waking soules,
Which watch not one another out of feare;
For love, all love of other sights controules,
And makes one little roome, an every where.
Let sea-discoverers to new worlds have gone,
Let Maps to other, worlds on worlds have showne,
Let us possesse one world, each hath one, and is one.

My face in thine eye, thine in mine appeares,
And true plain hearts doe in the faces rest,
Where can we finde two better hemispheares
Without sharpe North, without declining West?
What ever dyes, was not mixt equally;
If our two loves be one, or, thou and I
Love so alike, that none doe slacken, none can die.

LE BONJOUR

Je ne sais trop, ma foi, ce que nous pouvions faire
Avant de nous aimer : n'étions-nous donc sevrés ?
Nous paissions-nous, enfants, de plaisirs terre à terre ?
Ou chez les Sept Dormants étions-nous à ronfler ?
Certes : ce plaisir seul ne fut imaginé,
Et si jamais je vis et désirai beauté
Et la pris, c'est alors que de toi je rêvai.

Et maintenant, bonjour, nos âmes qui s'éveillent,
Et qui de crainte encor ne s'osent regarder :
Car Amour tient l'amour de toute autre merveille
Et fait d'une chambrette un univers entier.
Qu'aillent navigateurs vers des mondes nouveaux,
Que cartes fassent voir des mondes tant et trop :
Soyons monde chacun, nul autre ne nous faut.

Nos visages l'un l'autre en nos yeux se reflètent,
Sur nos visages sont nos cœurs simples et francs ;
Où mieux qu'ici trouver mappemonde parfaite
Sans l'âpreté du Nord, le déclin du Couchant ?
Ce qui meurt est le fruit d'un mélange mal fait :
N'ayant qu'un seul amour, ou si bien partagé
Que nul ne peut faiblir, nous ne mourrons jamais.

SONG

Goe, and catche a falling starre,
Get with child a mandrake roote,
Tell me, where all past yeares are,
Or who cleft the Divels foot,
Teach me to heare Mermaides singing,
Or to keep off envies stinging,
And finde
What winde
Serves to advance an honest minde.

If thou beest borne to strange sights,
Things invisible to see,
Ride ten thousand daies and nights,
Till age snow white haires on thee,
Thou, when thou retorn'st, wilt tell mee
All strange wonders that befell thee,
And sweare
No where
Lives a woman true, and faire.

If thou findst one, let mee know,
Such a Pilgrimage were sweet;
Yet doe not, I would not goe,
Though at next doore wee might meet,
Though shee were true, when you met her,
And last, till you write your letter,
Yet shee
Will bee
Falfe, ere I come, to two, or three.

CHANSON

Attrape une étoile filante,
Fais qu'une Mandragore enfante,
Dis-moi où sont les ans passés,
Qui du Diable a fendu le pied,
M'enseigne à ouïr les Sirènes,
A parer les dards de la haine,
        M'apprends
        Quel vent
Pousse un cœur honnête en avant.

Si tu es né pour l'impossible,
Pour voir des choses invisibles,
Cours si loin que sur toi le Temps
Fasse neiger des cheveux blancs.
Tu me diras à ta rentrée
Les merveilles qu'as rencontrées,
      Et puis
      Qu'ici
Il n'est belle fidèle aussi.

S'il en est une, écris : je gage
Que ce fût doux Pèlerinage;
Et pourtant non, je n'irais point,
Dussé-je la trouver non loin :
Quand écrivant tu l'aurais vue
Fidèle, jusqu'à ma venue
  Je crois
  Ma foi
Qu'elle en trompera deux ou trois.

WOMANS CONSTANCY

Now thou hast lov'd me one whole day,
To morrow when thou leav'st, what wilt thou say?
Wilt thou then Antedate some new made vow?
Or say that now
We are not just those persons, which we were?
Or, that oathes made in reverentiall feare
Of Love, and his wrath, any may forsweare?
Or, as true deaths, true maryages untie,
So lovers contracts, images of those,
Binde but till sleep, deaths image, them unloose?
Or, your owne end to Justifie,
For having purpos'd change, and falsehood; you
Can have no way but falsehood to be true?
Vaine lunatique, against these scapes I could
Dispute, and conquer, if I would,
Which I abstaine to doe,
For by ot morrow, I may thinke so too.

LA CONSTANCE DES FEMMES

M'ayant aimé un jour entier,
En me quittant, demain, que me vas-tu conter?
D'un vœu tout frais conçu vas-tu changer la date,
Ou dire, ingrate,
Qu'ores ne sommes plus les gens que nous étions?
Ou bien que des serments faits en sujétion
D'Amour et son courroux chacun se fait raison?
Ou que, comme la mort met fin aux mariages,
Les contrats des amants, qui en sont les images,
Cessent quand le sommeil, feinte mort, les défait?
Ou, pour justifier tes faits,
Quand à me délaisser ou me tromper tu songes,
Que ta sincérité à toi, c'est le mensonge?
Folle, contre tous ces faux-fuyants je pourrais
Plaider, gagner, si je voulais,
Mais m'abstiens de le faire,
Pouvant penser demain comme toi sur l'affaire.

THE UNDERTAKING

I have done one braver thing
Then all the Worthies *did,*
And yet a braver thence doth spring,
Which is, to keepe that hid.

It were but madnes now t'impart
The skill of specular stone,
When he which can have learn'd the art
To cut it, can finde none.

So, if I now should utter this,
Others (because no more
Such stuffe to worke upon, there is,)
Would love but as before.

But he who lovelinesse within
Hath found, all outward loathes,
For he who colour loves, and skinne,
Loves but their oldest clothes.

If, as I have, you also doe
Vertue'attir'd in woman see,
And dare love that, and say so too,
And forget the Hee and Shee;

And of this love, though placed so,
From prophane men you hide,
Which will no faith on this bestow,
Or, if they doe, deride:

L'ENTREPRISE

J'ai fait prouesse bien plus grande
  Que tous les Preux n'ont fait,
Et qui mieux encore demande :
  Qu'en garde le secret.

Fol, qui la pierre spéculaire
  Enseigne à travailler,
Si qui apprit l'art de le faire
  Ne la peut point trouver.

Pourquoi parler? Cette matière
  A nul autre talent
Ne s'offre : et lors, on ne peut guère
  Qu'aimer comme devant.

Mais qui vit la beauté de l'âme
  Pour le corps a mépris,
Car qui sur peau ou teint se pâme
  N'aime que vieux habits.

Si comme aux miens, vêtue en femme,
  Vertu s'offre à vos yeux,
Qu'osant l'aimer, disiez vos flammes,
  Des Sexes oublieux,

Et si cette amour peu commune
  Des profanes cachez,
Qui n'y prêteront foi aucune,
  Sinon pour s'en gausser,

Then you have done a braver thing
Then all the Worthies *did;*
And a braver thence will spring,
Which is, to keepe that hid.

Aurez fait prouesse plus grande
  Que tous les Preux n'ont fait,
Et qui mieux encore demande :
  Qu'en gardiez le secret.

THE SUNNE RISING

Busie old foole, unruly Sunne,
Why dost thou thus,
Through windowes, and through curtaines call on us?
Must to thy motions lovers seasons run?
Sawcy pedantique wretch, goe chide
Late schoole boyes, and sowre prentices,
Goe tell Court-huntsmen, that the King will ride,
Call countrey ants to harvest offices;
Love, all alike, no season knowes, nor clyme,
Nor houres, dayes, moneths, which are the rags of time.

Thy beames, so reverend, and strong
Why shouldst thou thinke?
I could eclipse and cloud them with a winke,
But that I would not lose her sight so long:
If her eyes have not blinded thine,
Looke, and to morrow late, tell mee,
Whether both the'India's of spice and Myne
Be where thou leftst them, or lie here with mee.
Aske for those Kings whom thou saw'st yesterday,
And thou shalt heare, All here in one bed lay.

She'is all States, and all Princes, I,
Nothing else is.
Princes doe but play us; compar'd to this,
All honor's mimique; All wealth alchimie.
Thou sunne art halfe as happy'as wee,
In that the world's contracted thus;
Thine age askes ease, and since thy duties bee
To warme the world, that's done in warming us.
Shine here to us, and thou art every where;
This bed thy center is, these walls, thy spheare.

AU SOLEIL LEVANT

Vieux fou, frappé de la bougeotte,
Méchant Soleil!
Pourquoi par les rideaux nous sonner le réveil?
Faudrait-il à ton pas que les amoureux trottent?
Vilain Régent! va-t-en gronder
L'écolier, l'apprenti qui tarde,
Dire aux piqueurs du Roi que le Roi veut chasser,
Appeler à moisson la fourmi campagnarde.
Aussi bien des saisons l'amour est ignorant
Que des heures, des jours, des mois, lambeaux du temps.

Tes traits de splendeur absolue
Pourquoi penser?
Je pourrais d'un clin d'œil soudain les éclipser,
N'était qu'en cet instant me manquerait sa vue.
Si tu n'es aveuglé d'abord,
Vois, et demain, tard, viens me dire
Si l'Indique Orient de l'Épice et de l'Or
Est où tu le laissas ou près de moi respire.
Informe-toi des Rois qu'hier tu entrevis :
On te dira partout qu'ils étaient dans ce lit.

Elle est tout Fief, moi toute Altesse,
Et rien n'est plus.
Les Princes sont de nous des mimes incongrus;
Grimace les honneurs, alchimie la richesse.
Ne peux-tu jouir de moitié
Du monde ainsi qui se resserre?
Ton âge veut de l'aise, et tu fais ton métier
De réchauffer le monde en réchauffant notre aire.
Luis sur nous seulement et plus rien n'est obscur :
Car ce lit est ton centre, et ta sphère ces murs.

THE INDIFFERENT

I can love both faire and browne,
Her whom abundance melts, and her whom want betraies,
Her who loves lonenesse best, and her who maskes and plaies,
Her whom the country form'd, and whom the town,
Her who beleeves, and her who tries,
Her who still weepes with spungie eyes,
And her who is dry corke, and never cries;
I can love her, and her, and you and you,
I can love any, so she be not true.

Will no other vice content you?
Wil it not serve your turn to do, as did your mothers?
Or have you all old vices spent, and now would finde out others?
Or doth a feare, that men are true, torment you?
Oh we are not, be not you so,
Let mee, and doe you, twenty know.
Rob mee, but binde me not, and let me goe.
Must I, who came to travaile thorow you,
Grow your fixt subject, because you are true?

Venus *heard me sigh this song,*
And by Loves sweetest Part, Variety, she swore,
She heard not this till now; and that it should be so no more.
She went, examin'd, and return'd ere long,
And said, alas, Some two or three
Poore Heretiques in love there bee,
Which thinke to stablish dangerous constancie.
But I have told them, since you will be true,
You shall be true to them, who'are false to you.

L'INDIFFÉRENT

Aimer brune et blonde je puis,
Celle qu'amollit l'aise ou que trahit disette,
La solitaire, et celle à qui plaisent les fêtes,
Celle qui dans les champs ou en ville a grandi,
Celle qui croit, ou qui s'en leurre,
Celle aux yeux d'éponge, qui pleure,
Celle aux yeux d'amadou dont les pleurs sont taris;
J'aime l'une, et puis l'autre, et vous, ou vous encore :
N'importe; il n'est que la constante que j'abhorre.

N'est-il d'autre vice tentant?
Ne vous suffit-il point d'agir comme vos mères?
Tous vices épuisés, en voulez-vous refaire?
Ou redouteriez-vous que l'homme soit constant?
Il ne l'est point; soyez de même,
Aimez-en vingt, autant que j'aime,
Pillez-moi, mais sans fers laissez-moi fuir content.
Dois-je, quand parmi vous je suis ma course errante,
Vous demeurer sujet, si vous êtes constantes?

Vénus, quand soupirait ce chant,
Jura par Changement, d'Amour vertu maîtresse,
Qu'il fallait que tantôt ce fait inouï cesse.
Elle alla voir, revint avant qu'il fût longtemps,
Et dit : Deux ou trois hérétiques
Pour notre grand péril se piquent
D'établir qu'en amour on doit être constant;
Mais leur ai dit : Si donc votre constance est telle,
Votre fidélité n'ira qu'aux infidèles.

THE CANONIZATION

For Godsake hold your tongue, and let me love,
Or chide my palsie, or my gout,
My five gray haires, or ruin'd fortune flout,
With wealth your state, your minde with Arts improve,
Take you a course, get you a place,
Observe his honour, or his grace,
Or the Kings reall, or his stamped face
Contemplate, what you will, approve,
So you will let me love.

Alas, alas, who's injur'd by my love?
What merchants ships have my sighs drown'd?
Who saies my teares have overflow'd his ground?
When did my colds a forward spring remove?
When did the heats which my veines fill
Adde one more to the plaguie Bill?
Soldiers finde warres, and Lawyers finde out still
Litigious men, which quarrels move,
Though she and I do love.

Call us what you will, wee are made such by love;
Call her one, mee another flye,
We'are Tapers too, and at our owne cost die,
And wee in us finde the'Eagle and the Dove.
The Phœnix ridle hat more wit
By us, we two being one, are it.
So to one neutrall thing both sexes fit,
Wee dye and rise the same, and prove
Mysterious by this love.

LA CANONISATION

Pardieu, tiens donc ta langue, et laisse-moi aimer!
Blâme goutte ou paralysie,
Moque mes cinq poils gris, ma fortune engloutie,
Enrichis ton esprit, tes biens fais prospérer;
Voyage, ou bien trouve une place;
Flatte Son Honneur, ou Sa Grâce,
Va contempler le Roi en image, ou en face :
Libre à toi de tout approuver,
Mais laisse-moi aimer.

Hélas! qui donc lésai-je en prétendant aimer?
Quels vaisseaux mes soupirs coulèrent?
Qui soutient que mes pleurs ont inondé ses terres?
Mes rhumes du printemps rompent-ils le progrès?
Le feu qui mes veines infeste
A-t-il fait recroître la peste?
Le soldat peut se battre; à l'avocat il reste
Chicaneurs, qui se font procès,
Bien que puissions aimer.

L'amour donne raison aux noms de l'être aimé :
Dis-la mouche, et j'en suis une autre;
Sommes flambeaux : le coût de notre mort est nôtre;
L'Aigle et la Tourterelle en nous sont incarnés;
Du Phénix s'enrichit le mythe
Que notre Unité ressuscite;
Notre couple équivaut à cet hermaphrodite :
Morts, nous renaissons pour prouver
Le mystère d'aimer.

Wee can dye by it, if not live by love,
And if unfit for tombes and hearse
Our legend bee, it will be fit for verse;
And if no peece of Chronicle wee prove,
We'll build in sonnets pretty roomes;
As well a well wrought urne becomes
The greatest ashes, as halfe-acre tombes,
And by these hymnes, all shall approve
Us Canoniz'd *for Love:*

And thus invoke us; You whom reverend love
Made one anothers hermitage;
You, to whom love was peace, that now is rage;
Who did the whole worlds soule contract, and drove
Into the glasses of your eyes
So made such mirrors, and such spies,
That they did all to you epitomize,
Countries, Townes, Courts: Beg from above
A patterne of your love!

Et nous pouvons mourir, sinon vivre d'aimer :
Si elle ne convient aux Tombes,
Notre légende alors aux Poèmes incombe.
Si l'Histoire de nous ne veut point pour sujet,
Des sonnets seront nos retraites :
Autant vaut une urne bien faite
Qu'un tombeau d'un arpent, pour les plus nobles têtes;
Serons ainsi Canonisés
Pour nous être entr'aimés.

Invoquez-nous ainsi : Vous qui sûtes aimer,
Chacun l'un pour l'autre hermitage,
Pour qui l'amour fut paix, qui maintenant est rage,
Qui résumiez en vous l'âme du monde entier,
Qui dans vos yeux, miroirs magiques,
Vous donnant de tout la réplique,
Condensiez d'un regard, en leurs traits symboliques,
Pays et Cours... Le Ciel priez
A notre instar d'aimer.

THE TRIPLE FOOLE

I am two fooles, I know,
For loving, and for saying so
In whining Poëtry;
But where's that wiseman, that would not be I,
If she would not deny?
Then as th'earths inward narrow crooked lanes
Do purge sea waters fretfull salt away,
I thought, if I could draw my paines,
Through Rimes vexation, I should them allay,
Griefe brought to numbers cannot be so fierce,
For, he tames it, that fetters it in verse.

But when I have done so,
Some man, his art and voice to show,
Doth Set and sing my paine,
And, by delighting many, frees againe
Griefe, which verse did restraine.
To Love, and Griefe tribute of Verse belongs,
But not of such as pleases when'tis read,
Both are increased by such songs:
For both their triumphs so are published,
And I, which was two fooles, do so grow three;
Who are a little wise, the best fooles bee.

LE TRIPLE FOL

Certes, deux fols je suis
D'aimer, et de le dire en face,
En un vers qui gémit.
Mais quel sage ici-bas ne m'envierait ma place
Si elle disait oui ?
Comme d'étroits canaux aux entrailles du globe
Viennent purger la mer, et son sel lui dérobent,
Je pensais ma peine alléger,
La faisant au tourment de la rime passer :
Un chagrin mesuré ne peut être si rude,
Car qui l'enchaîne au vers le met en servitude.

Mais, quand j'ai fait ainsi,
Montrant sa voix et son adresse,
Tel chante mon souci,
Et, pour plaire à plus d'un, libère la détresse
Qu'en mes vers j'asservis.
L'amour et la douleur méritent qu'on les chante,
Mais non point en des vers dont la lecture enchante :
Ces chansons-là les font plus grands
En publiant ainsi leur triomphe éclatant;
J'étais deux fols : du coup, un troisième se dresse :
Les meilleurs fols se font avec quelque sagesse.

LOVERS INFINITENESSE

If yet I have not all thy love,
Deare, I shall never have it all,
I cannot breath one other sigh, to move;
Nor can intreat one other teare to fall.
And all my treasure, which should purchase thee,
Sighs, teares, and oathes, and letters I have spent,
Yet no more can be due to mee,
Then at the bargaine made was ment,
If when thy gift of love were partiall,
That some to mee, some should to others fall,
Deare, I shall never have Thee All.

Or if then thou gavest mee all,
All was but All, which thou hadst then,
But of in thy heart, since, there be or shall,
New love created bee, by other men,
Which have their stocks intire, and can in teares,
In sighs, in oathes, and letters outbid mee,
This new love may beget new feares,
For, this love was not vowed by thee.
And yet it was, thy gift being generall,
The ground, thy heart is mine, what ever shall
Grow there, deare, I should have it all.

Yet I would not have all yet,
Hee that hath all can have no more,
And since my love doth every day admit
New growth, thou shouldst have new rewards in store;
Thou canst not every day give me thy heart,
If thou canst give it, then thou never gavest it:
Loves riddles are, that though thy heart depart,

L'INFINI DES AMANTS

Si je n'ai point tout ton amour,
Jamais ne l'aurai tout, ma belle :
Je n'ai plus de soupirs pour te toucher ce jour,
Et ne saurais verser une larme nouvelle.
Ma fortune de pleurs, soupirs, lettres, serments,
Qui te dut acheter, la voici disparue;
Je ne puis avoir plus pourtant
Que ne veut l'affaire conclue
Et si ton don d'amour lors était partagé
Et qu'à d'autres il pût comme à moi-même aller,
Ne t'aurai jamais en entier.

Même si tu m'as tout donné,
C'était lors de ton bien la somme :
Mais si depuis en toi nouvel amour est né,
Ou doit naître, qu'auront engendré d'autres hommes
Dont l'avoir est entier, et qui peuvent par pleurs,
Soupirs, lettres, serments, me faire surenchère,
J'en puis concevoir d'autres peurs,
Car tu n'as garanti l'affaire.
Mais tu l'as fait pourtant si ton don fut complet :
Ton cœur m'appartenant, on n'y peut rien semer
Qui ne soit à moi tout entier.

Je ne veux tout avoir pourtant :
Qui tout a rien d'autre n'appelle
Et, puisque mon amour est chaque jour plus grand,
Tu lui dois réserver récompenses nouvelles.
Tu ne peux chaque jour ton cœur m'abandonner :
Si tu le peux donner, c'est que tu l'as encore.
C'est énigme d'amour que, me l'ayant donné,

It stayes at home, and thou with losing savest it:
But wee will have a way more liberall,
Then changing hearts, to joyne them, so wee shall
Be one, and one anothers All.

Tu conserves ton cœur qui, perdu, se restaure.
Soyons plus généreux : n'allons point échanger
Nos deux cœurs, joignons-les : nous serons Unité,
Et l'un à l'autre tout entiers.

SONG

Sweetest love, I do not goe,
For wearinesse of thee,
Nor in hope the world can show
A fitter Love for mee;
But since that I
Must dye at last, 'tis best,
To use my selfe in jest
Thus by fain'd deaths to dye;

Yesternight the Sunne went hence,
And yet is here to day,
He hath no desire nor sense,
Nor halfe so short a way:
Then feare not mee,
But beleeve that I shall make
Speedier journeyes, since I take
More wings and spurres then hee.

O how feeble is mans power,
That if good fortune fall,
Cannot adde another houre,
Nor a lost houre recall!
But come bad chance,
And wee joyne to'it our strength,
And wee teach it art and length,
It selfe o'r us to'advance.

When thou sigh'st, thou sigh'st not winde,
But sigh'st my soule away,
When thou weep'st, unkindly kinde,
My lifes blood doth decay.

CHANSON

Mon cher amour, je ne m'en vais
        Parce que tu me lasses,
Ou que j'espère ici trouver
        Amour qui te remplace.
                Mais puisqu'il faut
Que je meure à la fin mieux vaut
En jouant me faire à l'idée,
        Par des morts simulées.

Le soleil qui s'en fut au soir
        Aujourd'hui se relève;
Il n'a ni raison ni vouloir,
        Et sa route est moins brève;
                Ne crains donc rien :
J'irai plus vite, crois le bien,
Qu'il ne va, car j'emporte en selle
        Plus d'éperons et d'ailes.

Faible est de l'homme le pouvoir
        Qui, quand vient la fortune,
Ne peut une autre heure y pourvoir
        Ni, morte, en revivre une.
                Mais le malheur
Aidons, et faisons de bon cœur,
Lui enseignant art et durée
        Sa victoire assurée.

Tes soupirs ne sont point du vent :
        Mon âme s'y disperse.
Quand tu pleures, tendre tourment,
        C'est mon sang que tu verses.

It cannot bee
That thou lov'st mee, as thou say'st,
If in thine my life thou waste,
Thou art the best of mee.

Let not thy divining heart
Forethinke me any ill,
Destiny may take thy part,
And may thy feares fulfill;
But thinke that wee
Are but turn'd aside to sleepe;
They who one another keepe
Alive, ne'r parted bee.

Ne peux ainsi
M'aimer autant que tu le dis
Si je dois en toi disparaître,
Le meilleur de mon être.

Ne permets à ton cœur devin
De me prévoir misère :
Tu pourrais pousser le destin
A tes craintes parfaire;
Comme en dormant,
Crois-nous détournés seulement :
Une âme gardant l'autre en vie,
Point ne sont désunies.

THE LEGACIE

When I dyed last, and, Deare, I dye
As often as from thee I goe,
Though it be but an houre agoe,
And Lovers houres be fulle eternity,
I can remember yet, that I
  Something did say, and something did bestow;
Though I be dead, which sent mee, I should be
Mine owne executor and Legacie.

I heard mee say, Tell her anon,
  That my selfe, (that is you, not I,)
  Did kill me, and when I felt mee dye,
I bid mee send my heart, when I was gone,
But I alas could there finde none,
  When I had ripp'd me, 'and search'd where hearts didlye;
It kill'd mee againe, that I who still was true,
In life, in my last Will should cozen you.

Yet I found something like a heart,
  But colours it, and corners had,
  It was not good, it was not bad,
It was intire to none, and few had part.
As good as could be made by art
  It seem'd; and therefore for our losses sad,
I meant to send this heart in stead of mine,
But oh, no man could hold it, for twas thine.

LE LEGS

Mourant tantôt (à te quitter
Je meurs chaque fois, mon amie)
Bien qu'une heure au plus soit enfuie
Et qu'une heure aux amants soit pleine éternité,
Il me souvient avoir dicté
Quelques mots cependant, et laissé quelque hoirie;
Et mort il me faudrait, de moi-même envoyeur,
Etre à la fois mon legs, et mon exécuteur.

Je m'ouïs dire : lui diras
Que tué par ma main (la tienne)
Je fis, sentant la mort prochaine,
Vœu de lui envoyer mon cœur à mon trépas :
Mais hélas je n'en trouvai pas,
En déchirant mon sein, là où les cœurs se tiennent.
J'en mourus derechef et, fidèle vivant,
Je te devrais tromper, mort, en mon testament.

Je trouvai bien, mais plein de fards
Et de recoins, d'un cœur l'image,
Ni bon ni mauvais, qu'en servage
Nul n'avait tout entier, et où peu avaient part.
Comme il me parut que nul art
Ne pourrait faire mieux, pour payer nos dommages
Je voulais t'envoyer ce cœur au lieu du mien,
Mais quel homme l'eût pu garder? C'était le tien.

A FEAVER

Oh doe not die, for I shall hate
All women so, when thou art gone,
That thee I shall not celebrate,
When I remember, thou wast one.

But yet thou canst not die, I know;
To leave this world behinde, is death,
But when thou from this world wilt goe,
The whole world vapors with thy breath.

Or if, when thou, the worlds soule, goest,
It stay, tis but thy carkasse then,
The fairest woman, but thy ghost,
But corrupt wormes, the worthyest men.

O wrangling schooles, that search what fire
Shall burne this world, had none the wit
Unto this knowledge to aspire,
That this her feaver might be it?

And yet she cannot wast by this,
Nor long beare this torturing wrong,
For much corruption needfull is
To fuell such a feaver long.

These burning fits but meteors bee,
Whose matter in thee is soone spent.
Thy beauty,' and all parts, which are thee,
Are unchangeable firmament.

SUR UNE FIÈVRE

Ne meurs point, car je haïrais
Si fort tes sœurs, si tu mourais,
Que pour toi je n'aurais que blâme,
Me souvenant que tu fus femme.

Mais tu ne peux mourir, je sais :
Mourir, c'est ce monde laisser,
Et ce monde, si tu le quittes,
En vapeur retournera vite.

Ou, sans toi, son âme, restant
Il sera ton corps pourrissant,
Ton ombre, ses plus belles femmes,
Ses meilleurs hommes, vers infâmes.

Docteurs, qui vainement cherchez
Quel feu doit ce monde brûler,
N'avez-vous l'esprit de connaître
Que sa fièvre le pourrait être ?

Mais elle n'en saurait périr,
Ni la gêne longtemps souffrir,
Car il faut grande pourriture
Pour que pareille fièvre dure.

De ces feux, météores vains,
En toi l'ardeur bientôt s'éteint :
Ta beauté, ta somme admirable,
Sont un firmament immuable.

Yet t'was of my minde, seising thee,
Though it in thee cannot persever.
For I had rather owner bee
Of thee one houre, then all else ever.

J'approuve fièvre qui te prend
Sans penser te garder longtemps,
Car j'aime mieux t'avoir une heure
Que tout l'Univers à demeure.

AIRE AND ANGELS

Twice or thrice had I loved thee,
Before I knew thy face or name,
So in a voice so in a shapelesse flame,
Angells *affect us oft, and worship'd bee;*
Still when, to where thou wert, I came,
Some lovely glorious nothing I did see.
But since my soule, whose child love is,
Takes limmes of flesh, and else could nothing doe,
More subtile then the parent is,
Love must not be, but take a body too,
And therefore what thou wert, and who,
I bid Love aske, and now
That is assume thy body, I allow,
And fixe it selfe in thy lip, eye, and brow.

Whilst thus to ballast love, I thought,
And so more steddily to have gone,
With wares which would sinke admiration,
I saw, I had loves pinnace overfraught,
Ev'ry thy haire for love to worke upon
Is much too much, some fitter must be sought;
For, nor in nothing, nor in things
Extreme, and scatt'ring bright, can love inhere;
Then as an Angell, face, and wings
Of aire, not pure as it, yet pure doth weare,
So thy love may be my loves spheare;
Just such disparitie
As is twixt Aire and Angells puritie,
'Twixt womens love, and mens, will ever bee.

L'AIR ET LES ANGES

Je t'aimai bien deux ou trois fois
Ignorant ton nom, ton visage :
Tels les Anges souvent s'offrent à notre hommage
Sous l'aspect d'une flamme informe ou d'une voix.
Et quand je vins dans tes parages
Je vis un rien charmant resplendir devant moi.
Mais si mon âme qui fit naître
L'amour s'est incarnée, impuissante autrement,
L'amour plus subtil ne doit être
Que sa mère, mais prendre un corps pareillement.
Lui ordonnai donc sur-le-champ
Qu'il cherchât ton essence,
Puis d'assumer ton corps et prendre résidence
Sur ta bouche et ton front je lui donnai licence.

Quand je pensais ainsi lester
L'amour pour un plus sûr voyage,
Je vis que son vaisseau devait faire naufrage,
Surchargé qu'il était d'un trop merveilleux fret :
Tes seuls cheveux sont trop d'ouvrage
Pour l'amour; il lui faut trouver moins riche objet.
Ni le néant ni son contraire
Répandant trop d'éclat ne le peuvent fixer.
Pour que ton amour soit sa sphère,
Comme un Ange, d'air pur le mien se doit ailer,
Moins pur que l'air, mais pur assez.
Autant que le peut faire
Des Anges et de l'air la pureté première
De l'homme et de la femme ainsi l'amour diffère.

BREAKE OF DAY

'Tis true, 'tis day; what though it be?
O wilt thou therefore rise from me?
Why should we rise, because 'tis light?
Did we lie downe, because 'twas night?
Love which in spight of darknesse brought us hether,
Should in despight of light keepe us together.

Light hath no tongue, but is all eye;
If it could speake as well as spie,
This were the worst, that it could say,
That being well, I faine would stay,
And that I lov'd my heart and honor so,
That I would not from him, that had them, goe.

Must businesse thee from hence remove?
Oh, that's the worst disease of love,
The poore, the foule, the false, love can
Admit, but not the busied man.
He which hath businesse, and makes love, doth doe
Such wrong, as when a maryed man doth wooe.

POINT DU JOUR

C'est vrai, il fait jour; et qu'importe?
Faut-il qu'au loin le jour t'emporte?
Au jour nous devons-nous lever?
La nuit nous fit-elle coucher?
L'amour qui malgré l'ombre en ce lieu nous rassemble
Se doit, malgré le jour, de nous garder ensemble.

Le jour, s'il voit, rien ne répète;
S'il parlait tout autant qu'il guette,
Lors, le pis qu'il pourrait conter
Est, qu'étant bien, le veux rester,
Et qu'amour et vertu si hautement je prise
Que ne puis m'éloigner de qui me les a prises.

Pour tes travaux tu me délaisses?
C'est d'amour la pire détresse
Que pauvre, fol, trompeur admet
L'amour, mais point l'homme affairé.
Pour l'affairé, l'amour est faute aussi certaine
Que l'est, pour un mari, courir la prétentaine.

TWICKNAM GARDEN

Blasted with sighs, and surrounded with teares,
Hither I come to seeke the spring,
And at mine eyes, and at mine eares,
Receive such balmes, as else cure every thing;
But O, selfe traytor, I do bring
The spider love, which transubstantiates all,
And can convert Manna to gall,
And that this place may thoroughly be thought
True Paradise, I have the serpent brought.

'Twere wholsomer for mee, that winter did
Benight the glory of this place,
And that a grave frost did forbid
These trees to laugh, and mocke mee to my face;
But that I may not this disgrace
Indure, nor yet leave loving, Love let mee
Some senslesse peece of this place bee;
Make me a mandrake, so I may groane here,
Or a stone fountaine weeping out my yeare.

Hither with christall vyals, lovers come,
And take my teares, which are loves wine,
And try your mistresse Teares at home,
For all are false, that tast not just like mine;
Alas, hearts do not in eyes shine,
Nor can you more judge womans thoughts by teares,
Then by her shadow, what she weares.
O perverse sexe, where none is true but shee,
Who's therefore true, because her truth kills mee.

LE JARDIN DE TWICKENHAM

Ici je viens, recru de soupirs et de larmes
A la source du Renouveau.
J'y contemple et oys de tels charmes
Qu'ils pourraient, autrement, soulager tous les maux.
Mais j'y apporte mon fléeau,
Le grand Transmutateur, mon amour-araignée,
Qui change en fiel toute rosée;
Et, pour que ce lieu soit le Paradis vraiment,
J'y ai, traître à moi-même, introduit le Serpent.

Certe, il serait pour moi beaucoup plus salutaire
Que l'hiver assombrît ces lieux,
Qu'une froidure tumulaire
Empêchât ces rameaux de se rire à mes yeux.
Amour, ce sort m'est odieux :
En me laissant aimer, accorde-moi la grâce
D'être objet brut en cette place,
Plaintive mandragore en ce riant jardin,
Ou fontaine de pierre à l'éternel chagrin.

Amants, goûtez le vin que de l'amour on presse :
Dans le cristal cueillez mes pleurs;
Puis goûtez ceux de vos maîtresses,
Et croyez faux tous ceux qui n'ont même saveur.
Aux yeux ne brille pas le cœur :
Les pleurs trompent autant sur l'âme des coquettes
Que leur ombre sur leur toilette.
Sexe pervers, où seule ne sait pas mentir
Celle dont la franchise, hélas, me fait mourir!

COMMUNITIE

Good wee must love, and must hate ill,
For ill is ill, and good good still,
But there are things indifferent,
Which wee may neither hate, nor love,
But one, and then another prove,
As wee shall finde our fancy bent.

If then at first wise Nature had
Made women either good or bad,
Then some wee might hate, and some chuse,
But since shee did them so create,
That we may neither love, nor hate,
Onely this rests, All, all may use.

If they were good it would be seene,
Good is as visible as greene,
And to all eyes it selfe betrayes:
If they were bad, they could not last,
Bad doth it selfe, and others wast,
So, they deserve nor blame, nor praise.

But they are ours as fruits are ours,
He that but tasts, he that devours,
And he that leaves all, doth as well:
Chang'd loves are but chang'd sorts of meat,
And when hee hath the kernell eate,
Who doth not fling away the shell?

COMMUNAUTÉ

Fuyons le Mal, aimons le Bon,
Puisque Mal est mal et Bon bon!
Mais sont choses indifférentes,
Que nous ne fuyons ni n'aimons,
Que l'une après l'autre essayons
Au gré de notre humeur changeante.

Si Nature en femmes n'avait
Mis que du bon ou du mauvais,
Nous leur serions cruels ou tendres;
Mais comme elle a mêlé les deux,
Qu'aimer ni haïr ne se peut,
Tous à toutes peuvent s'en prendre.

Bonnes étant, tout serait clair :
Le Bon se voit comme le Vert,
Et à tous les yeux se révèle.
Mauvaises, ne feraient long bruit :
Le Mal détruit et se détruit.
Donc éloge ou blâme n'appellent.

Ce sont fruits offerts au passant :
Goûtant, dévorant, s'abstenant,
Chacun montre sagesse égale.
De régime on change parfois;
Et, quand il a mangé la noix,
Qui n'envoie promener l'écale?

LOVES GROWTH

I scarce beleeve my love to be so pure
As I had thought it was,
Because it doth endure
Vicissitude, and season, as the grasse;
Me thinkes I lyed all winter, when I swore,
My love was infinite, if spring make'it more.

But if this medicine, love, which cures all sorrow
With more, not onely bee no quintessence,
But mixt of all stuffes, paining soule, or sense,
And of the Sunne his working vigour borrow,
Love's not so pure, and abstract, as they use
To say, which have no Mistresse but their Muse,
But as all else, being elemented too,
Love sometimes would contemplate, sometimes do.

And yet no greater, but more eminent,
Love by the spring is growne;
As, in the firmament,
Starres by the Sunne are not inlarg'd, but showne.
Gentle love deeds, as blossomes on a bough,
From loves awakened root do bud out now.

If, as in water stir'd more circles bee
Produc'd by one, love such additions take,
Those like so many spheares, but one heaven make,
For, they are all concentrique unto thee;
And though each spring doe adde to love new heate,
As princes doe in times of action get
New taxes, and remit them not in peace,
No winter shall abate the springs encrease.

LA CROISSANCE D'AMOUR

J'ai grand'peine à penser mon amour pur autant
Que je le croyais être,
Parce qu'il doit connaître
Comme l'herbe des prés saisons et changement :
Me semble avoir menti tout l'hiver en disant
Mon amour infini, quand l'accroît le printemps.

Si l'amour, élixir qui guérit nos souffrances
En les venant doubler, loin d'être quintessence,
Contient tout ce qui peut navrer l'âme et le corps,
Et tire du soleil sa force et son ressort,
L'amour n'est point si pur ni abstrait que s'amuse
A le chanter celui qui n'aime que sa Muse,
Mais a comme le reste, étant fait d'éléments,
Un temps pour contempler, et pour agir un temps.

Et cependant l'amour ne s'accroît du printemps,
Mais en tire éminence :
Soleil par sa présence
Les astres montre ainsi, mais ne les fait plus grands.
Tendres actes d'amour, leur souche renaissant,
Comme fleurs aux rameaux bourgeonnent maintenant.

Si, comme un rond dans l'eau qui d'autres ronds éveille,
L'amour peut recevoir additions pareilles,
Tels les sphères ensemble ils ne forment qu'un ciel,
Car tu es pour chacun le centre universel.
Qu'à l'amour les printemps donnent ardeur nouvelle :
Comme en guerre les rois augmentent la gabelle
Sans l'alléger jamais lorsque revient la paix,
Nul hiver du printemps ne réduira l'acquêt.

CONFINED LOVE

Some man unworthy to be possessor
Of old or new love, himselfe being false or weake
Thought his paine and shame would be lesser,
If on womanking he might his anger wreake,
And thence a law did grow,
One might but one man know;
But are other creatures so?

Are Sunne, Moone, or Starres by law forbidden,
To smile where they list, or lend away their light?
Are birds divorc'd, or are they chidden
If they leave their mate, or lie abroad a night?
Beasts doe no joyntures lose
Though they new lovers choose,
But we are made worse then those.

Who e'r rigg'd faire ship to lie in harbors,
And not to seeke new lands, or not to deale withall?
Or built faire houses, set trees, and arbors,
Only to lock up, or else to let them fall?
Good is not good, unlesse
A thousand it possesse,
But doth wast with greedinesse.

L'AMOUR CONFINÉ

Quelqu'un, qui ne valait d'être le possesseur
D'un amour vieil ou neuf, étant faux ou débile,
Crut qu'il allégerait sa honte et sa douleur
S'il pouvait déverser sur les femmes sa bile.
Une loi en naquit
Qu'un homme leur suffit :
Mais tous êtres sont-ils ainsi ?

Où lui chante, Soleil, Lune, Étoile sourit
Et prête ses rayons : ce n'est chose interdite.
Blâme-t-on les oiseaux de découcher la nuit ?
Doivent-ils divorcer quand leur compagne ils quittent ?
Une bête sans tort
Peut changer de consort :
Mais nous connaissons pire sort.

Qui gréera une nef pour la laisser à quai
Quand il peut explorer, ou faire des affaires ?
Qui bâtit des maisons ou plante des vergers
Pour les tenir sous clef, ou les laisser défaire ?
Un bien n'est point un bien
Qui à tous n'appartient :
Trop jalousé, il n'est plus rien.

THE DREAME

Deare love, for nothing lesse then thee
Would I have broke this happy dreame,
It was a theame
For reason, much too strong for phantasie,
Therefore thou wakd'st me wisely; yet
My Dreame thou brok'st not, but continued'st it,
Thou art so truth, that thoughts of thee suffice,
To make dreames truths; and fables histories;
Enter these armes, for since thou thoughtst it best,
Not to dreame all my dreame, let's act the rest.

As lightning, or a Tapers light,
Thine eyes, and not thy noise wak'd mee;
Yet I thought thee
(For thou lovest truth) an Angell, at first sight,
But when I saw thou sawest my heart,
And knew'st my thoughts, beyond an Angels art,
When thou knew'st what I dreamt, when thou knews't when
Excesse of joy would wake me, and cam'st then,
I must confesse, it could not chuse but bee
Prophane, to thinke thee any thing but thee.

Comming and staying show'd thee, thee,
But rising makes me doubt, that now,
Thou art not thou.
That love is weake, where feare's as strong as hee;
'Tis not all spirit, pure, and brave,
If mixture it of Feare, Shame, Honor, *have.*
Perchance as torches which must ready bee,
Men light and put out, so thou deal'st with mee,
Thou cam'st to kindle, goest to come; Then I
Will dreame that hope againe, but else would die.

LE RÊVE

Pour moins que toi je n'eusse, amie,
Voulu voir ce rêve brisé :
C'était sujet
Pour la raison, beaucoup trop fort pour fantaisie.
Tu fus sage de m'en tirer,
Mais loin de le briser tu le vins prolonger :
Il suffit de penser à toi, si véritable,
Pour rendre vrai le rêve, historique la fable.
Viens en ces bras, et puisqu'ainsi tu m'empêchas
De rêver la fin de mon rêve, jouons-la.

Comme un éclair, une lumière,
Tes yeux m'éveillèrent sans bruit;
Et je te pris
Pour un Ange d'abord, s'il faut être sincère;
Mais en voyant que tu voyais
Et lisais en mon cœur mieux qu'un Ange n'eût fait,
Que tu savais mon rêve et, quand de mes délices
L'excès dut m'éveiller, tu m'offrais tes services,
C'eût été, je l'avoue, avoir bien peu de foi
Que de te prendre alors pour rien d'autre que toi.

Tu vins et restas, ce qui prouve
Que c'était toi; mais au lever
J'en puis douter.
Faible est l'amour où crainte autant qu'amour se trouve :
Il n'est tout esprit pur et fort
Si se mêlent en lui Honneur, Crainte et Remords.
On allume, on éteint les torches qu'on veut prêtes;
Il se peut qu'à ton gré de même tu me traites :
Tu vins pour m'embraser, et pars pour revenir;
Rêver de cet espoir me garde de mourir.

A VALEDICTION : OF WEEPING

Let me powre forth
My teares before thy face, whil'st I stay here,
For thy face coines them, and thy stampe they beare,
And by this Mintage they are someting worth,
For thus they bee
Pregnant of thee ;
Fruits of much griefe they are, emblemes of more,
When a teare falls, that thou falst which it bore,
So thou and I are nothing then, when on a divers shore.

On a round ball
A workeman that hath copies by, can lay
An Europe, Afrique, and an Asia,
And quickly make that, which was nothing, All,
So doth each teare,
Which thee doth weare,
A globe, yea world by that impression grow,
Till thy teares mixt with mine doe overflow
This world, by waters sent from thee, my heaven dissolved so.

O more then Moone,
Draw not up seas to drowne me in thy spheare,
Weepe me not dead, in thine armes, but forbeare
To teach the sea, what it may doe too soone ;
Let not the winde
Example finde,
To doe me more harme, then it purposeth ;
Since thou and I sigh one anothers breath,
Who e'r sighes most, is cruellest, and hasts the others death.

VALEDICTION : DES LARMES

Laisse mes pleurs
En cet adieu couler par-devant ton visage,
Car c'est lui qui les bat et frappe à ton image;
Et ainsi monnayés ils ont quelque valeur,
Car de ton être
Tu les pénètres.
Fruits de chagrin, ils annoncent bien pis encor
Quand vous tombez tous deux, l'un de l'autre supports :
Que nous ne sommes rien quand s'estrangent nos bords.

Un artisan,
Sur une boule ronde, et s'il a des copies,
Peut coucher une Europe, une Afrique, une Asie,
Et le Tout engendrer, très vite, de Néant.
Empreint de même
De ton emblème,
Un globe chaque pleur, même un monde, devient,
Que tantôt vont tes pleurs, en se mêlant aux miens,
Noyer, dissous mon Ciel en tes flots diluviens.

N'attire pas,
Mieux que Lune, des flots qui me noient dans ta sphère!
Que tes pleurs ne me tuent dans tes bras! Ne suggère
A la mer une idée que peut-être elle aura!
Fais que la brise
Ne s'autorise
A me plus mal traiter qu'elle en a le désir!
Quand du souffle de l'Autre est fait chaque soupir,
Qui soupire le plus presse l'Autre à mourir.

LOVES ALCHYMIE

Some that have deeper digg'd loves Myne then I,
Say, where his centrique happinesse doth lie:
I have lov'd, and got, and told,
But should I love, get, tell, till I were old,
I should not finde that hidden mysterie;
Of, 'tis imposture all:
And as no chymique yet th'Elixar got,
But glorifies his pregnant pot,
If by the way to him befall
Some odoriferous thing, or medicinall,
So, lovers dreame a rich and long delight,
But get a winter-seeming summers night.

Our ease, our thrift, our honor, and our day,
Shall we, for this vaine Bubles shadow pay?
Ends love in this, that my man,
Can be as happy'as I can; If he can
Endure the short scorne of a Bridegroomes play?
That loving wretch that sweares,
'Tis not the bodies marry, but the mindes,
Which he in her Angelique findes,
Would sweare as justly, that he heares,
In that dayes rude hoarse minstralsey, the spheares.
Hope not for minde in women; at their best
Sweetnesse and wit, they'are but Pummy, *possest.*

L'ALCHIMIE D'AMOUR

Ayant plus loin que moi d'amour fouillé la mine
D'aucuns diront le centre où son bonheur s'affine :
J'ai aimé, possédé, parlé,
Mais jusqu'en mes vieux jours dussé-je persister,
Je ne trouverai point ce mystère caché.
Ah! tout n'est qu'imposture :
L'alchimiste qui n'a l'élixir obtenu
Vante l'alambic qui conçut
Quand il y trouve, d'aventure,
Quelque corps odorant, ou bien quelque teinture.
Et l'amant rêve ainsi de longs plaisirs divers,
Mais a des nuits d'été qui semblent un hiver.

Faudrait-il que l'argent, l'honneur, l'aise et la vie
Pour cette bulle, vain reflet, l'on sacrifie?
Qu'est donc l'amour, quand mon valet
Peut avoir mon bonheur, s'il veut bien endurer
Un temps le ridicule emploi de marié?
L'amant fol qui avère
Que ne se marient point les corps, mais les esprits,
Et voit ange en sa femme, aussi
Justement entendrait les sphères
Dans les pauvres chansons que ce jour-là fait braire.
Des femmes n'attendez l'esprit : tout leur talent
N'en fait plus que Momie une fois qu'on les prend.

THE FLEA

Marke but this flea, and marke in this,
How little that which thou deny'st me is;
It suck'd me first, and now sucks thee,
And in this flea, our two bloods mingled bee;
Thou know'st that this cannot be said
A sinne, nor shame, nor losse of maidenhead,
Yet this enjoyes before it wooe,
And pamper'd swells with one blood made of two,
And this, alas, is more then wee would doe.

Oh stay, three lives in one flea spare,
Where wee almost, yea more then maryed are,
This flea is you and I, and this
Our mariage bed, and mariage temple is;
Though parents grudge, and you, w'are met,
And cloysterd in these living walls of Jet.
Though use make you apt to kill mee,
Let not to that, selfe murder added bee,
And sacrilege, three sinnes in killing three.

Cruell and sodaine, hast thou since
Purpled thy naile, in blood of innocence?
Wherein could this flea guilty bee,
Except in that drop which it suckt from thee?
Yet thou triumph'st, and saist that thou
Find'st not thy selfe, nor mee the weaker now;
'Tis true, then learne how false, feares bee;
Just so much honor, when thou yeeld'st to mee,
Will wast, as this flea's death tooke life from thee.

LA PUCE

Vois cette puce, et vois par elle
Que tu te fais prier pour une bagatelle;
Nous ayant tour à tour piqués
Elle tient nos deux sangs en elle conjugués.
Tu ne peux parler d'infamie,
De déshonneur ou de virginité ravie,
Bien que sans cour elle ait joui
Et se gonfle, gorgée à nos sangs réunis :
C'est pourtant plus, hélas, qu'il ne nous est permis!

Arrête, épargne ici trois vies :
En elle est notre union presque — et plus qu'accomplie :
Cette puce, c'est nous, ici
De notre mariage est le temple et le lit.
Malgré toi, et tes père et mère,
Ces vivants murs de jais en leur cloître nous serrent.
Tu peux, d'usage, me tuer :
A cela ne va point suicide ajouter,
Et profanation; trois meurtres, trois péchés.

Vive et cruelle, as-tu par chance
Tes ongles empourprés au sang de l'innocence?
En quoi te put-elle offenser,
Fors la goutte de sang qu'elle te vint sucer?
Tu triomphes pourtant, et nies
Te sentir plus que moi maintenant affaiblie.
C'est vrai; tu crains donc vainement :
Tu ne perdras pas plus d'honneur en me cédant
Que cette puce a pris de ta vie en mourant.

THE MESSAGE

Send home my long strayd eyes to mee,
Which (Oh) too long have dwelt on thee;
Yet since there they have learn'd such ill,
Such forc'd fashions,
And false passions,
That they be
Made by thee
Fit for no good sight, keep them still.

Send home my harmlesse heart againe,
Which no unworthy thought could staine;
But if it be taught by thine
To make jestings
Of protestings,
And crosse both
Word and oath,
Keepe it, for then 'tis none of mine.

Yet send me back my heart and eyes,
That I may know, and see thy lyes,
And may laugh and joy, when thou
Art in anguish
And dost languish
For some one
That will none,
Or prove as false as thou art now.

LE MESSAGE

Rends-moi mes yeux, qui s'égarèrent
Trop longtemps, quand sur toi restèrent :
Mais y eurent telles leçons
De tromperie
Et félonie
Qu'en est leur vue
Toute perdue
Par ta faute : garde-les donc.

Et rends-moi mon cœur sans malice,
Que méchants pensers ne ternissent;
Mais si lui enseigna le tien
A faire liesse
De la tendresse
Et simagrée
De foi jurée
Garde-le, car il n'est point mien.

Rends-moi pourtant mon cœur, ma vue,
Que tes ruses me soient connues,
Et que je rie, et sois comblé
Si, languissante,
Tu te tourmentes
Pour créature
Qui n'en a cure,
Ou perfide autant que tu l'es.

WITCHCRAFT BY A PICTURE

I fixe mine eye on thine, and there
Pitty my picture burning in thine eye,
My picture drown'd in a transparent teare,
When I looke lower I espie;
Hadst thou the wicked skill
By pictures made and mard, to kill,
How many wayes mightst thou performe thy will?

But now I have drunke thy sweet salt teares,
And though thou poure more I'll depart;
My picture vanish'd, vanish feares,
That I can be endamag'd by that art;
Though thou retaine of mee
One picture more, yet that will bee,
Being in thine owne heart, from all malice free.

MALÉFICES PAR UN PORTRAIT

Fixant ton œil, je m'apitoie
Sur mon portrait, qu'y vois brûler;
Le vois en un pleur qui se noie,
Plus bas venant à regarder.
    Ayant l'art maléfique
De me tuer par ma réplique,
Que de fois pourrais-tu combler tes vœux iniques?

J'ai bu ta douce-amère larme :
Si tu pleures encor, je pars;
Le portrait n'est plus, ni l'alarme
Que me puisse navrer ton art.
    S'il te reste une image
De moi, elle sera, je gage,
Se trouvant dans ton cœur, sauve de tout dommage.

THE BAITE

Come live with mee, and bee my love,
And we will some new pleasures prove
Of golden sands, and christall brookes,
With silken lines, and silver hookes.

There will the river whispering runne
Warm'd by thy eyes, more then the Sunne.
And there the'inamor'd fish will stay,
Begging themselves they may betray.

When thou wilt swimme in that live bath,
Each fish, which every channell hath,
Will amorously to thee swimme,
Gladder to catch thee, then thou him.

If thou, to be so seene, beest loath,
By Sunne, or Moone, thou darknest both,
And if my selfe have leave to see,
I need not their light, having thee.

Let others freeze with angling reeds,
And cut their legges, with shells and weeds,
Or treacherously poore fish beset,
With strangling snare, or windowie net:

Let coarse bold hands, from slimy nest
The bedded fish in banks out-wrest,
Or curious traitors, sleavesilke flies
Bewitch poore fishes wandring eyes.

L'APPAT

Viens vivre avec moi, sois ma joie :
Nous goûterons plaisirs nouveaux
Aux sables d'or, aux clairs ruisseaux,
Armant d'argent lignes de soie.

Tiède sera l'eau qui murmure,
Plus qu'au soleil, grâce à tes yeux,
Et là, les poissons amoureux
Prieront, traîtres, pour leur capture.

Te baignant en cette eau peuplée,
Tous les poissons de chaque coin
Nageront, d'amour, vers ta main,
O moins pêcheuse que pêchée!

Et si lune ou soleil t'offensent,
Pour n'être vue, assombris-les :
S'il m'est permis de regarder,
Ne veux leurs feux en ta présence.

D'autres, transis, tenant leur ligne,
Peuvent bien se blesser aux joncs,
Assiéger les pauvres poissons
De collets et nasses malignes;

La main hardie peut dans la boue
Dénicher le poisson terré,
La mouche de soie envoûter
Son œil éperdu qu'elle joue :

For thee, thou needst no such deceit,
For thou thy selfe art thine owne bait;
That fish, that is not catch'd thereby,
Alas, is wiser farre then I.

Tu n'as besoin de ces finesses :
Pour toi-même tu es l'appât
Et, si poisson ne s'y prend pas,
Il a plus que moi de sagesse!

THE APPARITION

When by thy scorne, O murdresse I am dead,
And that thou thinkst thee free
From all solicitation from mee,
Then shall my ghost come to thy bed,
And thee, fain'd vestall, in worse armes shall see;
Then thy sicke taper will begin to winke,
And he, whose thou art then, being tyr'd before,
Will, if thou stirre, or pinch to wake him, thinke
Thou call'st for more,
And in false sleepe will from thee shrinke,
And then poore Aspen wretch, neglected thou
Bath'd in a cold quicksilver sweat wilt lye
A veryer ghost then I;
What I will say, I will not tell thee now,
Lest that preserve thee'; and since my love is spent,
I'had rather thou shouldst painfully repent,
Then by my threatnings rest still innocent.

L'APPARITION

Lorsque m'auront tué, cruelle, tes mépris,
Que tu te croiras délivrée
De ma quête passionnée,
Mon Spectre ira te voir au lit
En des bras moins vaillants, Vestale simulée.
Ta chandelle malade alors vacillera,
Et ton maître, attendant que son nerf se restaure,
Si tu bouges, ou si tu le pinces, croira
Que tu en veux encore,
Et, feignant de dormir, de toi s'éloignera.
Tu sembleras un pauvre Tremble solitaire,
Baigné d'une sueur de vif-argent, plus froid
Et plus spectre que moi.
Ce qu'alors je dirai je veux ici le taire,
De peur de te sauver. Mort mon amour pour toi,
J'aime mieux que dans le chagrin tu te repentes,
Qu'en menaçant te voir demeurer innocente.

THE BROKEN HEART

He is starke mad, who ever sayes,
That he hath beene in love an houre,
Yet not that love so soone decayes,
But that it can tenne in lesse space devour;
Who will beleeve mee, if I sweare
That I have had the plague a yeare?
Who would not laugh at mee, if I should say,
I saw a flaske of powder burne a day?

Ah, what a trifle is a heart,
If once into loves hands it come!
All other griefes allow a part
To other griefes, and aske themselves but some;
They come to us, but us Love draws,
Hee swallows us, and never chawes:
By him, as by chain'd shot, whole rankes doe dye,
He is the tyran Pike, our hearts the Frye.

If 'twere not so, what did become
Of my heart, when I first saw thee?
I brought a heart into the roome,
But from the roome, I carried none with mee:
If it had gone to thee, I know
Mine would have taught thine heart to show
More pitty unto mee: but Love, alas,
At one first blow did shiver it as glasse.

Yet nothing can to nothing fall,
Nor any place be empty quite,
Therefore I thinke my breast hath all
Those peeces still, though they be not unite;

LE CŒUR BRISÉ

Il est fol a lier, qui dit
Être amoureux depuis une heure :
Non que l'amour si tôt se meure,
Mais peut en moins de temps dévorer plus de dix.
Qui me croira quand je proteste
Que depuis un an j'ai la peste ?
Qui ne rirait de moi si j'allais déclarer
Que j'ai vu poire à poudre au long d'un jour brûler ?

Ah ! c'est peu de chose qu'un cœur
Quand aux mains d'Amour il se trouve :
Tout autre mal que l'on éprouve,
Ne prenant que sa part, laisse aux autres la leur.
Lui ne vient point, mais nous arrache,
Nous avale, et jamais ne mâche ;
Il fauche rangs entiers, comme un train de boulets,
Et nos cœurs sont fretin pour ce tyran brochet.

Sinon, qu'est mon cœur devenu
Le jour où je t'ai rencontrée ?
J'en avais un à mon entrée,
Mais lorsque je sortis je n'en possédais plus.
S'il s'était mis chez toi, je gage
Qu'il eût au tien appris l'usage
D'un peu plus de pitié pour moi ; c'est donc, hélas,
Que comme verre Amour d'un seul coup le brisa.

Rien pourtant ne s'anéantit,
Et le vide absolu n'existe ;
Je crois donc qu'en mon sein subsistent
Encor tous ces morceaux, bien qu'ils ne soient unis.

And now as broken glasses show
A hundred lesser faces, so
My ragges of heart can like, wish, and adore,
But after one such love, can love no more.

Comme on voit aux glaces brisées
Cent images rapetissées,
Mon cœur peut, en lambeaux, désirer, adorer,
Mais après tel amour il ne peut plus aimer.

A VALEDICTION : FORBIDDING MOURNING

As virtuous men passe mildly away,
And whisper to their soules, to goe,
Whilst some of their sad friends doe say,
The breath goes now, and some say, no:

So let us melt, and make no noise,
No teare-floods, nor sigh-tempests move,
T'were prophanation of our joyes
To tell the layetie our love.

Moving of th'earth brings harmes and feares,
Men reckon what it did and meant,
But trepidation of the spheares,
Though greater farre, is innocent.

Dull sublunary lovers love
(Whose soule is sense) cannot admit
Absence, because it doth remove
Those things which elemented it.

But we by a love, so much refin'd,
That our selves know not what it is,
Inter-assured of the mind,
Care lesse, eyes, lips, and hands to misse.

Our two soules therefore, which are one,
Though I must goe, endure not yet
A breach, but an expansion,
Like gold to ayery thinnesse beate.

VALÉDICTION :
POUR INTERDIRE LES LARMES

Comme le Juste, sans alarmes,
Souffle à son âme de partir,
Pendant que ses amis en larmes
Disent ou nient qu'il va mourir,

Fondons sans bruit; point de tempêtes
De pleurs ni soupirs en ce jour;
Ce serait profaner nos fêtes
Qu'aux lais révéler notre amour.

Les maux d'un tremblement de terre
Chacun suppute avec effroi;
Mais la trépidation des sphères,
Quoique plus grande, n'est émoi.

Le grossier amour sublunaire,
Amour des sens, n'admet jamais
L'absence qui pourrait défaire
Les éléments dont il est fait.

Mais le nôtre, essence épurée
Qu'on ne peut identifier,
Tenant nos âmes assurées,
Aux yeux, lèvres, mains, n'est lié.

Nos deux âmes, qui n'en font qu'une,
Connaîtront, le départ venu,
Expansion plutôt que lacune,
Comme or en lamelle battu.

If they be two, they are two so
As stiffe twin compasses are two,
Thy soule the fixt foot, makes no show
To move, but doth, if the'other doe.

And though it in the center sit,
Yet when the other far doth rome,
It leanes, and hearkens after it,
And growes erect, as that comes home.

Such wilt thou be to mee, who must
Like th'other foot, obliquely runne;
Thy firmnes makes my circle just,
And makes me end, where I begunne.

Si elles sont deux, ce doit être
Comme les branches d'un compas,
Car la tienne, sans le paraître,
Suit la mienne dans tous ses pas.

Et quoiqu'au centre elle s'arc-boute,
Quand pour voyager l'autre part,
Elle se penche, elle l'écoute,
Se redressant, fini l'écart.

Ainsi, constante en mon absence
Et mes obliques errements,
Tu feras ma circonférence
Finir à son commencement.

THE EXTASIE

Where, like a pillow on a bed,
A Pregnant banke swel'd up, to rest
The violets reclining head,
Sat we two, one anothers best.

Our hands were firmely cimented
With a fast balme, which thence did spring,
Our eye-beames twisted, and did thred
Our eyes, upon one double string;

So to'entergraft our hands, as yet
Was all the meanes to make us one,
And pictures in our eyes to get
Was all our propagation.

As 'twixt two equal Armies, Fate
Suspends uncertaine victorie,
Our soules, (which to advance their state,
Were gone out,) hung 'twixt her, and mee.

And whil'st our soules negotiate there,
Wee like sepulchrall statues lay;
All day, the same our postures were,
And wee said nothing, all the day.

If any, so by love refin'd,
That he soules language understood,
And by good love were growen all minde,
Within convenient distance stood,

L'EXTASE

Assis étions sur une crête
Qui offrait un mol oreiller
Au front penché des violettes,
Et l'un à l'autre tout entiers.

Un baume tendait cimentées
Nos mains qui l'exhalaient, subtil;
Et leurs flammes enchevêtrées
Mariaient nos yeux sur deux fils.

Lors était de nos mains l'étreinte
Notre unique moyen d'union;
Dans nos yeux nos images peintes
Notre unique reproduction.

Comme entre d'égales armées
La Victoire hésite parfois,
Nos âmes, s'étant avancées,
S'appréhendaient entre elle et moi.

Tant que négocièrent nos âmes,
Nous fûmes statues de gisants;
De tout le jour nous ne bougeâmes,
Silencieux le jour durant.

Si quelqu'un sachant le langage
De l'âme, pour avoir aimé,
Pur esprit, de l'amour ouvrage,
Non loin de nous se fût placé,

He (though he knew not which soule spake,
Because both meant, both spake the same)
Might thence a new concoction take,
And part farre purer then he came.

This Extasie doth unperplex
(We said) and tell us what we love,
Wee see by this, it was not sexe,
Wee see, we saw not what did move:

But as all severall soules containe
Mixture of things, they know not what,
Love, these mixt soules doth mixe againe,
And makes both one, each this and that.

A single violet transplant,
The strength, the colour, and the size,
(All which before was poore, and scant,)
Redoubles still, and multiplies.

When love, with one another so
Interinanimates two soules,
That abler soule, which thence doth flow,
Defects of lonelinesse controules.

Wee then, who are this new soule, know,
Of what we are compos'd, and made,
For, th'Atomies of which we grow,
Are soules, whom no change can invade.

But O alas, so long, so farre
Our bodies why doe wee forbeare?
They'are ours, though they'are not wee, Wee are
The intelligences, they the spheare.

We owe them thankes, because they thus,
Did us, to us, at first convay,
Yeelded their forces, sense, to us,
Nor are drosse to us, but allay.

Sans savoir de qui l'éloquence,
(Nous parlions de même), il eût pu
Sortir de cette expérience
Plus pur encor qu'était venu.

L'extase abolit le complexe,
Disions-nous ; ores sommes sûrs
Que notre amour n'est point de sexe,
Et notre émoi plus n'est obscur.

C'est que toute âme porte en elle
Un mélange qu'elle ne sait ;
Qu'Amour âmes mêlées remêle,
Et de deux, âme double fait.

Transplantez une violette,
Son teint, sa taille et sa vigueur,
Pauvres, chétifs, dans la fleurette,
S'épanouissent dans la fleur.

Ainsi, lorsque l'amour opère
De deux âmes le croisement,
Naît une âme neuve, étrangère
Aux défauts de ses éléments.

Nous, qui sommes cette âme éclose,
Savons de quoi nous sommes faits ;
Sur les âmes qui nous composent
Nul changement n'aura d'effet.

Mais hélas ! nos corps l'un et l'autre
Tiendrons-nous longtemps à mépris ?
S'ils ne sont nous, pourtant sont nôtres,
Et la sphère de nos esprits.

Nous leur devons reconnaissance
De nous avoir jà rapprochés,
Et donné les sens, leur puissance ;
Nous sont alliage, non déchet.

On man heavens influence workes not so,
But that it first imprints the ayre,
Soe soule into the soule may flow,
Though it to body first repaire.

As our blood labours to beget
Spirits, as like soules as it can,
Because such fingers need to knit
That subtile knot, which makes us man:

So must pure lovers soules descend
T'affections, and to faculties,
Which sense may reach and apprehend,
Else a great Prince in prison lies.

To'our bodies turne wee then, that so
Weake men on love reveal'd may looke;
Loves mysteries in soules doe grow,
But yet the body is his booke.

And if some lover, such as wee,
Have heard this dialogue of one,
Let him still marke us, he shall see
Small change, when we'are to bodies gone.

Aux hommes, lorsqu'il se proclame,
Le Ciel sur l'air pèse d'abord :
Ainsi l'âme s'unit à l'âme
Fût-ce par le chemin du corps.

Comme le sang travaille à faire
Des esprits qui soient âme un peu,
Agents subtils, doigts nécessaires
A nouer de l'Homme le nœud,

L'âme des amants doit descendre
Aux facultés de l'affectif
Que les sens ont loisir d'entendre;
Sinon un Grand Prince est captif.

Rallions nos corps : le vulgaire
Pourra, lors, l'amour contempler;
L'âme est le lieu de ses mystères,
Le corps son Livre Révélé.

Et l'amant à notre semblance,
Ce dialogue d'un seul entendu,
Percevra peu de différence
Quand aux corps serons descendus.

THE WILL

Before I sigh my last gaspe, let me breath,
Great love, some Legacies; Here I bequeath
Mine eyes to Argus, *if mine eyes can see,*
If they be blinde, then Love, I give them thee;
My tongue to Fame; to'Embassadours mine eares;
To women or the sea, my teares.
Thou, Love, hast taught mee heretofore
By making mee serve her who'had twenty more,
That I should give to none, but such, as had too much before.

My constancie I to the planets give;
My truth to them, who at the Court doe live;
Mine ingenuity and opennesse,
To Jesuites; to Buffones my pensivenesse;
My silence to'any, who abroad hath beene;
My mony to a Capuchin.
Thou Love taught'st me, by appointing mee
To love there, where no love receiv'd can be,
Onely to give to such as have an incapacitie.

My faith I give to Roman *Catholiques;*
All my good works unto the Schismaticks
Of Amsterdam; my best civility
And Courtship, to an Universitie;
My modesty I give to souldiers bare;
My patience let gamesters share.
Thou Love taughtst mee, by making mee
Love her that holds my love disparity,
Onely to give to those that count my gifts indignity.

LE TESTAMENT

Sur le point d'expirer, permets donc que j'exhale,
Grand Amour, quelques legs, avant mon dernier râle :
Si mes yeux voient, je veux les donner à Argus,
Mais te les veux donner, Amour, s'ils ne voient plus;
Mon ouïe aux Légats, ma langue à Renommée,
Mes pleurs à femme, ou à marée.
Tu m'appris, Amour, quand te plut
Que je serve aux côtés de vingt autres élus,
A ne donner qu'à ceux qui sont trop bien pourvus.

Aux planètes ici je donne ma constance;
Aux gens de Cour, mon goût du vrai sans défaillance;
Mon ingénuité et ma franchise iront
Aux Jésuites, ma songerie aux Bouffons;
Qui fut à l'étranger recevra mon silence;
Un Capucin mon opulence.
Tu m'appris, Amour, quand tu fis
Que j'aime où nul amour ne saurait être admis,
A ne donner qu'à ceux qui n'en ont le profit.

Pour ma foi, je la veux donner aux Catholiques;
Mes bonnes actions je lègue aux hérétiques
D'Amsterdam, et fais don de ma civilité
Et de ma courtoisie aux Universités;
Aux soldats dépourvus je donne ma décence,
Et aux joueurs, ma patience.
Tu m'appris, Amour, me faisant
Aimer où mon amour passe pour outrageant,
A ne donner qu'à ceux que fâchent mes présents.

I give my reputation to those
Which were my friends; Mine industrie to foes;
To Schoolemen I bequeath my doubtfulnesse;
My sicknesse to Physitians, or excesse;
To Nature, all that I in Ryme have writ;
And to my compagny my wit.
Thou Love, by making mee adore
Her, who begot this love in mee before,
Taughtst me to make, as though I gave, when I did but restore.

To him for whom the passing bell next tolls,
I give my physick bookes; my writen rowles
Of Moral counsels, I to Bedlam give;
My brazen medals, unto them which live
In want of bread; To them which passe among
All forrainers, mine English tongue.
Thou, Love, by making mee love one
Who thinkes her friendship a fit portion
For yonger lovers, dost my gifts thus disproportion.

Therefore I'll give no more; But I'll undoe
The world by dying; because love dies too.
Then all your beauties will bee no more worth
Then gold in Mines, where none doth draw it forth;
And all your graces no more use shall have
Then a Sun dyall in a grave.
Thou Love taughtst mee, by making mee
Love her, who doth neglect both mee and thee,
To'invent, and practice this one way, to'annihilate all three.

Je lègue à mes amis ma bonne renommée,
Et à mes ennemis mon ardeur acharnée;
Aux Docteurs veux laisser mon indécision,
Aux Médecins, mes maux, ou bien mes passions;
A Nature, ce que j'ai fait de Poésie;
Mon esprit, à ma compagnie.
Tu m'appris, Amour, quand voulus
Que j'aime celle à qui cet amour était dû,
A feindre de donner ce qui n'est que rendu.

A celui-là pour qui le prochain glas résonne
Je lègue mes traités de médecine, et donne
Tous mes écrits moraux et préceptes aux fous;
Mes médailles de bronze à qui ni peu ni prou
Pour vivre n'a de pain; à ceux-là qui se plaisent
A l'étranger, ma langue anglaise.
Amour, quand ainsi tu voulus
Que j'aime femme à qui jeunes amants ont plu
Mieux que moi, tu rendis tous mes dons incongrus.

Je ne donnerai donc plus rien, mais veux détruire
Le monde par ma mort; qu'Amour de même expire.
Puis, toutes vos beautés n'auront pas plus d'attrait
Que, dans les mines, l'or que personne n'extrait.
De vos grâces alors vous n'aurez plus à faire
Qu'au tombeau d'un cadran solaire.
Tu m'appris, Amour, quand me fis
Aimer femme pour qui ne sommes d'aucun prix,
Cet unique moyen qui tous trois nous détruit.

THE FUNERALL

Who ever comes to shroud me, do not harme
Nor question much
That subtile wreath of haire, which crowns my arme;
The mystery, the signe you must not touch,
For 'tis my outward Soule,
Viceroy to that, which then to heaven being gone,
Will leave this to controule,
And keepe these limbes, her Provinces, from dissolution.

For if the sinewie thread my braine lets fall
Through every part,
Can tye those parts, and make mee one of all;
These haires which upward grew, and strength and art
Have from a better braine,
Can better do'it; Except she meant that I
By this should know my pain,
As prisoners then are manacled, when they'are condemn'd to die.

What ere shee meant by'it, bury it with me,
For since I am
Loves martyr, it might breed idolatrie,
If into others hands these Reliques came;
As 'twas humility
To afford to it all that a Soule can doe,
So, 'tis some bravery,
That since you would save none of mee, I bury some of you.

L'ENTERREMENT

Qui vient m'ensevelir ne lèse ou questionne
Ce bracelet
Tressé de fins cheveux qui mon poignet couronne;
Ce signe, ce mystère il ne faut point toucher :
C'est mon âme charnelle
Qu'ayant gagné le Ciel mon âme délégua
Pour garder en tutelle
Et tenir réunis mes membres, ses États.

Car si les nerfs qu'en moi mon cerveau fait descendre
Par tout mon corps
De moi font unité, ne peut-on point attendre
De cheveux qui montaient et tiraient leur ressort
De plus noble cervelle
Qu'ils fassent encor mieux? Ou, montrant son dessein,
M'aurait-elle, cruelle,
Mis comme aux condamnés à mort les fers aux mains?

Enterrez avec moi ce qu'elle signifie
Car puisqu'enfin
Je suis martyr d'amour je crains idolâtrie
Si la Relique un jour tombait en d'autres mains.
Si ce fut humble gage
De faire en son honneur tout ce qu'une âme peut,
C'est aussi grand courage,
Quand tu m'as tout perdu, de t'enterrer un peu.

THE BLOSSOME

Little think'st thou, poore flower,
Whom I have watch'd sixe or seaven dayes,
And seene thy birth, and seene what every houre
Gave to thy growth, thee to this height to raise,
And now dost laugh and triumph on this bough,
Little think'st thou
That it will freeze anon, and that I shall
To morrow finde thee falne, or not at all.

Little think'st thou poore heart
That labour'st yet to nestle thee,
And think'st by hovering here to get a part
In a forbidden or forbidding tree,
And hop'st her stiffenesse by long siege to bow;
Little think'st thou,
That thou to morrow, ere that Sunne doth wake,
Must with this Sunne, and mee a journey take.

But thou which lov'st to bee
Subtile to plague thy selfe, wilt say,
Alas, if you must goe, what's that to mee?
Here lyes my businesse, and here I will stay:
You goe to friends, whose love and meanes present
Various content
To your eyes, eares, and tongue, and every part.
If then your body goe, what need you a heart?

Well then, stay here; but know,
When thou hast stayd and done thy most;
A naked thinking heart, that makes no show,
Is to a woman, but a kinde of Ghost;

LA FLEUR SUR L'ARBRE

Tu ne te doutes guère,
Pauvre fleur, qu'en six ou sept jours
J'ai vu naître, grandir, sa croissance parfaire,
Ouvrage où concourut chaque heure tour à tour,
Qui sur ta branche ris et nargues la déroute,
Point ne te doutes
Qu'il gèlera tantôt, et que, demain venu,
Je ne te reverrai que tombée, ou bien, plus.

Tu ne te doutes guère,
Pauvre cœur en quête d'un nid,
Qui crois, planant ici, trouver un pied-à-terre
Dans un arbre frappant ou frappé d'interdit,
Et, prolongeant le siège, emporter sa redoute,
Point ne te doutes
Qu'avant que le Soleil ne se lève, demain,
Avec lui, avec moi, tu seras en chemin.

Mais toi qui, subtil, aimes
A te tourmenter, tu diras :
« Tu veux partir ? Va-t-en ! Pour moi n'en va de même,
Car j'ai affaire ici, et n'en bougerai pas.
Va ! rejoins tes amours, dont les feux et les armes
Ont tant de charmes
Pour tes yeux, ton ouïe, ta langue, et cœtera !...
Qu'as-tu besoin d'un cœur, puisque ton corps s'en va ? »

C'est bon, reste. Mais sache,
Quand tu auras tout fait, tout dit,
Qu'un cœur pensant et nu qui, trop discret, se cache,
Pour une femme n'est qu'une sorte d'Esprit.

How shall shee know my heart; or having none,
Know thee for one?
Practise may make her know some other part,
But take my word, shee doth not know a Heart.

Meet mee at London, then,
Twenty dayes hence, and thou shalt see
Mee fresher, and more fat, by being with men,
Then if I had staid still with her and thee.
For Gods sake, if you can, be you so too:
I would give you
There, to another friend, whom wee shall finde
As glad to have my body, as my minde.

Que peut dire mon cœur, un cœur, à la perfide
Qui en est vide ?
D'un autre organe elle est peut-être connaisseur,
Mais je te puis jurer qu'elle ignore le cœur.

A Londres me rallie
D'ici vingt jours ; tu m'y verras
Plus gras et plus gaillard, en mâle compagnie,
Que si j'étais resté près de vous ce temps-là.
Comme moi, si tu peux, fais-toi la santé bonne,
Que je te donne
Là-bas à quelqu'un d'autre, et qui sera ravi
De posséder mon corps autant que mon esprit.

THE RELIQUE

When my grave is broke up againe
Some second ghest to entertaine,
(For graves have learn'd that woman-head
To be to more then one a Bed)
And he that digs it, spies
A bracelet of bright haire about the bone,
Will he not let'us alone,
And thinke that there a loving couple lies,
Who thought that this device might be some way
To make their soules, at the last busie day,
Meet at this grave, and make a little stay?

If this fall in a time, or land,
Where mis-devotion doth command,
Then, he that digges us up, will bring
Us, to the Bishop, and the King,
To make us Reliques*; then*
Thou shalt be a Mary Magdalen, and I
A something else thereby;
All women shall adore us, and some men;
And since at such time, miracles are sought,
I would have that age by this paper taught
What miracles wee harmelesse lovers wrought.

First, we lov'd well and faithfully,
Yet knew not what wee lov'd, nor why,
Difference of sex no more wee knew,
Then our Guardian Angells doe;
Comming and going, wee
Perchance might kisse, but not between those meales;
Our hands ne'r toucht the seales,

LA RELIQUE

Lorsque ma fosse funéraire
Devra changer de locataire
(Car la tombe est femme en ceci
Qu'elle entr'ouvre à plus d'un son lit),
Le piocheur, voyant luire
Un brillant bracelet de crins autour de l'os,
Voudra notre repos
Ne point troubler, peut-être, en venant à se dire
Que deux amants heureux crurent par ce détour
Unir leurs âmes dans la tombe au dernier jour,
Et quelque temps encor prolonger leur amour.

Si c'est en un temps ou contrée
De dévotion déplacée,
Au Roi il nous emportera,
Et l'Évêque de nous fera
Des reliques. En somme,
Tu seras une Marie-Madeleine, et moi
Quelque chose avec toi.
Les femmes nous adoreront, et quelques hommes.
Et, puisqu'il faut toujours du miracle à ces temps,
Qu'à cet âge mes vers portent l'enseignement
Des miracles que fit notre amour innocent.

Fidèlement nous nous aimâmes,
Sans voir but ni cause à nos flammes;
Des sexes nous ne savions rien
De plus que nos Anges Gardiens.
Nous n'avions nourriture
Que de chastes baisers de rencontre ou d'adieu;
Jamais nos doigts pieux

Which nature, injur'd by late law, sets free:
These miracles wee did; but now alas,
All measure, and all language, I should passe,
Should I tell what a miracle shee was.

Ne touchèrent les scels que lève la Nature
Hier par la loi lésée. Arrêtons là-dessus :
Hélas ! mesure et mots ne me suffiraient plus,
Si je devais conter quel miracle elle fut.

THE DAMPE

When I am dead, and Doctors know not why,
And my friends curiositie
Will have me cut up to survay each part,
When they shall finde your Picture in my heart,
You thinke a sodaine dampe of love
Will through all their senses move,
And worke on them as mee, and so preferre
Your murder, to the name of Massacre.

Poore victories! But if you dare be brave,
And pleasure in your conquest have,
First kill th'enormous Gyant, your Disdaine,
And let th'enchantresse Honor, *next be slaine,*
And like a Goth and Vandall rize,
Deface Records, *and Histories*
Of your owne arts and triumphs over men,
And without such advantage kill me then.

For I could muster up as well as you
My Gyants, and my Witches too,
Which are vast Constancy, *and* Secretnesse,
But these I neyther looke for, nor professe;
Kill mee as Woman, let mee die
As a meere man; doe you but try
Your passive valor, and you shall finde than,
Naked, you'have odds enough of any man.

LA MOFETTE

Lorsque je serai mort, d'un mal mystérieux,
Et que mes amis curieux
Feront de ma dépouille opérer l'ouverture,
Tu te dis qu'en mon cœur ils verront ta peinture,
Et qu'une mofette d'amour,
De tous leurs sens faisant le tour,
Saura les retrancher comme moi de la vie,
En promouvant ton meurtre au rang de Boucherie.

Piètres exploits! Mais si tu veux montrer du cœur,
Et goûter les joies du vainqueur,
Tue d'abord ce Géant, ton Dédain formidable,
Dépêche ta Vertu Sorcière sous la table,
Détruis, comme Vandale ou Goth,
Les Annales et les Journaux
De ta science, et de tes triomphes sur les hommes;
Et, dépourvue ainsi, ma ruine consomme.

Car je pourrais moi-même enrôler dans mes rangs
Mes Sorcières et mes Géants,
Qui s'appellent Secret, prodigieuse Constance;
Mais j'ignore et je veux ignorer ces Puissances.
Tue-moi en Femme; laisse-moi
Mourir en Homme; éprouve-toi
Dans la joute, passive; et tu verras que, nue,
Tu as contre tout homme une chance congrue.

THE PROHIBITION

Take heed of loving mee,
At least remember, I forbade it thee;
Not that I shall repaire my'unthrifty wast
Of Breath and Blood, upon thy sighes, and teares,
By being to thee then what to me thou wast;
But, so great Joy, our life at once outweares,
Then, least thy love, by my death, frustrate bee,
If thou love mee, take heed of loving mee.

Take heed of hating mee,
Or too much triumph in the Victorie.
Not that I shall be mine owne officer,
And hate with hate againe retaliate;
But thou wilt lose the stile of conquerour,
If I, thy conquest, perish by thy hate.
Then, least my being nothing lessen thee,
If thou hate mee, take heed of hating mee.

Yet, love and hate mee too,
So, these extreames shall neithers office doe;
Love mee, that I may die the gentler way;
Hate mee, because thy love'is too great for mee;
Or let these two, themselves, not me decay;
So shall I, live, thy Stage, not triumph bee;
Lest thou thy love and hate and mee undoe,
To let mee live, O love and hate mee too.

L'INTERDICTION

Garde-toi de m'aimer,
Ou ma défense, au moins, songe à te rappeler!
Non que je me paierais de ma folle dépense
De salive et de sang sur tes pleurs et soupirs
En te rendant les coups dont tu me sus férir.
Mais, comme un tel Bonheur passe notre existence,
De peur que ton amour par ma mort soit frustré
Si tu m'aimes un jour, garde-toi de m'aimer.

Garde de me haïr,
Ou bien de ce succès de trop t'enorgueillir!
Non point qu'en répondant par ma haine à la tienne
Je voudrais de mes torts m'instituer vengeur;
Mais tu t'aliénerais le style du vainqueur
Si je devais, vaincu, succomber à ta haine.
Donc, pour que mon néant ne te vienne amoindrir
Si tu me hais un jour, garde de me haïr.

Joins la haine à l'amour :
Ces extrêmes, ainsi, s'annuleront toujours.
Aime-moi, que je souffre une mort allégée;
Hais-moi, car ton amour pour moi serait trop grand;
Ou qu'ils me laissent vivre en s'entre-déchirant :
Je vivrai ton Théâtre, et non pas ton Trophée.
Pour ne m'anéantir avec eux même jour.
Pour ma vie épargner, joins la haine à l'amour.

THE EXPIRATION

So, so, breake off this last lamenting kisse,
Which sucks two soules, and vapors Both away,
Turne thou ghost that way, and let mee turne this,
And let our selves benight our happiest day,
We ask'd none leave to love; nor will we owe
Any, so cheape a death, as saying, Goe;

Goe; and if that word have not quite kil'd thee,
Ease mee with death, by bidding mee goe too.
Or, if it have, let my word worke on mee,
And a just office on a murderer doe.
Except it be too late, to kill me so,
Being double dead, going, and bidding, goe.

L'EXPIRATION

Achève cet ultime et gémissant baiser
Qui nos âmes aspire et résout en buée.
Partons, spectres tous deux, par chemins opposés
Laissant la nuit couvrir notre heureuse journée.
Nous aimâmes sans tiers; nul tiers n'aura de part
A cette chiche mort où suffit le mot « Pars ».

Pars, donc. Et si ce mot ne t'a pas fait mourir,
Fais-moi, le redisant une mort point cruelle;,
Sinon, que sur moi-même il vienne rebondir
Et frapper justement une âme criminelle!
A moins que pour ainsi périr il soit trop tard,
Mort deux fois, de partir, et de te dire « Pars ».

THE PARADOX

No Lover saith, I love, nor any other
Can judge a perfect Lover;
Hee thinkes that else none can, nor will agree
That any loves but hee:
I cannot say I lov'd, for who can say
Hee was kill'd yesterday?
Love with excesse of heat, more yong then old,
Death kills with too much cold;
Wee dye but once, and who lov'd last did die,
Hee that saith twice, doth lye:
For though hee seeme to move, and stirre a while,
It doth the sense beguile.
Such life is like the light which bideth yet
When the lights life is set,
Or like the heat, which fire in solid matter
Leaves behinde, two houres after.
Once I lov'd and dy'd; and am now become
Mine Epitaph and Tombe.
Here dead men speake their last, and so do I;
Love-slaine, loe, here I lye.

LE PARADOXE

Nul amant ne dit : « J'aime », et nul autre ne sait
Juger l'amant parfait.
Il pense être le seul, et ne veut reconnaître
Qu'un autre amour puisse être.
Je ne dis point : « J'aimai », car qui peut affirmer
Qu'hier il fut tué ?
Trop d'ardeur ou de froid, d'Amour ou Mort l'ouvrage,
Nous tue au gré de l'âge.
On ne meurt qu'une fois; un amour fait mourir :
Dire deux, c'est mentir.
Bien qu'on se meuve un temps, ayant l'air d'être en vie,
Des sens c'est duperie :
Cette vie est l'éclat qu'on voit tarder encor
Lorsque le jour est mort,
La chaleur qu'après lui le feu une heure entière
Laisse dans la matière.
J'aimai, et j'en suis mort; pour moi ne suis tantôt
Qu'Épitaphe et Tombeau;
Là s'expriment les morts, et je fais même chose :
« Mort d'amour, cy repose ».

A LECTURE UPON THE SHADOW

Stand still, and I will read to thee
A Lecture, Love, in loves philosophy.
These three houres that we have spent,
Walking here, Two shadowes went
Along with us, which we our selves produc'd;
But, now the Sunne is just above our head,
We doe those shadowes tread;
And to brave clearnesse all things are reduc'd.
So whilst our infant loves did grow,
Disguises did, and shadowes, flow,
From us, and our cares; but, now 'tis not so.
That love hath not attain'd the high'st degree,
Which is still diligent lest others see.

Except our loves at this noone stay,
We shall new shadowes make the other way.
As the first were made to blinde
Others; these which come behinde
Will worke upon our selves, and blind our eyes.
If our loves faint, and westwardly decline;
To me thou, falsly, thine,
And I to thee mine actions shall disguise.
The morning shadowes weare away,
But these grow longer all the day,
But oh, loves day is short, if love decay.
Love is a growing, or full constant light;
And his first minute, after noone, is night.

DISCOURS SUR L'OMBRE

Arrête, et je vais, mon amie,
Te parler de l'Amour et sa philosophie :
Trois heures nous avons marché,
De deux ombres accompagnés;
Par nous-mêmes alors ces ombres étaient faites;
Le soleil maintenant est juste sur nos têtes,
Les ombres sous nos pieds,
Et tout, autour de nous, n'est que franche clarté.
Ainsi, quand nos amours croissaient,
Ombres et faux-semblants naissaient
De nous et nos soucis : mais c'est chose passée.
L'amour n'a pas atteint son suprême degré
Qui du monde redoute, et la vue, et le gré.

A moins qu'à ce midi demeure
Notre amour, après nous ombres naîtront sur l'heure;
C'est autrui qu'ombres du matin
Aveuglaient, mais serons atteints
Par les ombres du soir, qui sur nos yeux agissent.
Que notre amour décroisse, et vers le Couchant glisse :
Mes yeux ne verront plus
Tes gestes, et les miens te seront inconnus.
Les ombres du matin périssent;
Celles-ci tout le jour grandissent :
Mais le jour des amours est court, quand ils faiblissent.
La lumière d'amour croît ou, constante, luit :
Qu'il passe son zénith, et déjà c'est la nuit.

Poèmes religieux :
Sonnets sacrés

(DIVINE POEMES : HOLY SONNETS)

SONNET I

Thou hast made me, And shall thy worke decay?
Repaire me now, for now mine end doth haste,
I runne to death, and death meets me as fast,
And all my pleasures are like yesterday;
I dare not move my dimme eyes any way,
Despaire behind, and death before doth cast
Such terrour, and my feeble flesh doth waste
By sinne in it, which it t'wards hell doth weigh;
Onely thou art above, and when towards thee
By thy leave I can looke, I rise againe;
But our old subtle foe so tempteth me,
That not one houre my selfe I can sustaine;
Thy Grace may wing me to prevent his art,
And thou like Adamant draw mine iron heart.

SONNET I

Tu m'as créé : faut-il que ton œuvre périsse?
Ma fin vient à grands pas; sauve-moi maintenant :
Si je cours au trépas, il me vient au-devant;
Mes plaisirs comme un jour passé s'évanouissent.
Je ne sais où tourner mes yeux qui s'obscurcissent :
Le désespoir derrière et la mort en avant
Me sont si grands effrois! Le péché corrompant
En moi ma faible chair l'entraîne au précipice.
Il n'est que Toi là-haut, et quand Tu me permets
De tourner mes regards vers Toi, je me relève :
Mais le vieil ennemi subtil me vient tenter,
Et ne puis me tenir debout une heure brève.
Puisse contre son art Ta Grâce m'empenner,
Et Toi, comme l'Aimant, tirer mon cœur d'acier!

II

As due by many titles I resigne
My selfe to thee, O God, first I was made
By thee, and for thee, and when I was decay'd
Thy blood bought that, the which before was thine;
I am thy sonne, made with thy selfe to shine,
Thy servant, whose paines thou hast still repaid,
Thy sheepe, thine Image, and, till I betray'd
My selfe, a temple of thy Spirit divine;
Why doth the devill then usurpe on mee?
Why doth he steale, nay ravish that's thy right?
Except thou rise and for thine owne worke fight,
Oh I shall soone despaire, when I doe see
That thou lov'st mankind well, yet wilt'not chuse me.
And Satan hates mee, yet is loth to lose mee.

SONNET II

Ton bien à plus d'un titre, à ton autorité
Je m'en remets, Seigneur. Je suis ta Créature,
Par toi et pour toi faite; et, dans ma pourriture,
Ce qui t'appartenait ton Sang l'a racheté.
Je suis ton Fils, et participe à ta clarté,
Ton serviteur, payé des peines qu'il endure,
Ta brebis, ton image; et, sans ma forfaiture,
Un temple je serais de ta Divinité.
Comment puis-je être alors usurpé par le Diable?
Peut-il voler, violer, tout ce qui t'appartient?
Si tu ne combats pas pour défendre ton bien
M'accablera bientôt la pensée effroyable
Qu'aimant l'Humanité tu ne me veux choisir,
Ni Satan qui me hait de moi se dessaisir.

III

O Might those sighes and teares returne againe
Into my breast and eyes, which I have spent,
That I might in this holy discontent
Mourne with some fruit, as I have mourn'd in vaine;
In mine Idolatry what showres of raine
Mine eyes did waste? what griefs my heart did rent?
That sufferance was my sinne; now I repent;
'Cause I did suffer I must suffer paine.
Th'hydroptique drunkard, and night-scouting thiefe,
The itchy Lecher, and selfe tickling proud
Have the remembrance of past joyes, for reliefe
Of comming ills. To (poore) me is allow'd
No ease; for, long, yet vehement griefe hath beene
Th'effect and cause, the punishment and sinne.

SONNET III

Pussent-ils retourner à mes yeux, à mon sein,
Les pleurs et les soupirs dont fis telle dépense,
Que je m'afflige, en cette sainte pénitence,
À quelque fruit, ainsi que je l'ai fait en vain.
Lorsque j'idolâtrais, quels orages, quels grains
Ravagèrent mes yeux? Mon cœur, quelles souffrances?
Ce tourment fut mon crime; ores j'ai repentance,
Et dois souffrir ce deuil pour mon deuil ancien.
Le nocturne larron et l'ivrogne hydropique,
Ceux que chatouille orgueil ou que débauche point,
Ont de plaisirs passés mémoire bénéfique
Pour les maux à venir; moi, pauvre, je n'ai point
De soulas, car ma longue autant que dure gêne
Fut la cause et l'effet, et mon crime et sa peine.

IV

Oh my blacke Soule ! now thou art summoned
By sicknesse, deaths herald, and champion ;
Thou art like a pilgrim, which abroad hath done
Treason, and durst not turne to whence hee is fled,
Or like a thiefe, which till deaths doome be read,
Wisheth himselfe delivered from prison ;
But damn'd and hal'd to execution,
Wisheth that still he might be imprisoned.
Yet grace, if thou repent, thou canst not lacke ;
But who shall give thee that grace to beginne ?
Oh make thy selfe with holy mourning blacke,
And red with blushing, as thou art with sinne ;
Or wash thee in Christs blood, which hath this might
That being red, it dyes red soules to white.

SONNET IV

Ores, mon âme noire, entends la maladie
Qui t'appelle, héraut de la Mort, et champion.
Tu es le pèlerin qui commit trahison
En route, et n'ose plus regagner sa patrie;
Ou le voleur, qui, tant qu'on ne lui signifie
Sa sentence de mort, exècre sa prison,
Mais qui, lorsqu'on le traîne à l'exécution,
Souhaite dans ses fers continuer sa vie.
Pourtant seras grâcié si te veux repentir.
Mais qui de commencer te donnera la grâce?
Oh, d'un deuil noir et saint tâche à te revêtir!
Porte de ton péché le rouge sur ta face!
Ou bien, viens-t-en du Christ te laver dans le sang,
Dont la rouge vertu teint l'âme rouge en blanc.

V

I am a little world made cunningly
Of elements, and an Angelike spright,
But black sinne hath betraid to endlesse night
My worlds both parts, and (oh) both parts must die.
You which beyond that heaven which was most high
Have found new sphears, and of new lands can write,
Powre new seas in mine eyes, that so I might
Drowne my world with my weeping earnestly,
Or wash it, if it must be drown'd no more:
But oh it must be burnt ! alas the fire
Of lust and envie have burnt it heretofore,
And made it fouler ; Let their flames retire,
And burne me ô Lord, with a fiery zeale
Of thee and thy house, which doth in eating heale.

SONNET V

Je suis un petit monde, ingénieux ouvrage
D'éléments et d'esprit angélique construit;
Mais le noir Péché voue à l'éternelle nuit
Ce monde et ses deux parts que la Mort tient en gage.
Oh, vous qui par-delà les célestes parages
Vites des globes neufs, qui savez neufs pays,
Versez de neuves mers en mes yeux, et qu'ainsi
Mes larmes de mon être assurent le naufrage,
Ou le lavent, s'il ne doit plus être noyé!
Las! il requiert le feu. Et jusqu'ici les flammes
De luxure et d'envie encor plus l'ont souillé.
Oh, Seigneur, éteins-les! et fasse que mon âme
Pour toi et ta maison brûle dorénavant
D'un zèle dont le feu guérit en dévorant.

VI

This is my playes last scene, here heavens appoint
My pilgrimages last mile; and my race
Idly, yet quickly runne, hath this last pace,
My spans last inch, my minutes latest point,
And gluttonous death, will instantly unjoynt
My body, and soule, and I shall sleepe a space,
But my'ever-waking part shall see that face,
Whose feare already shakes my every joynt:
Then, as my soule, to'heaven her first seate, takes flight,
And earth-borne body, in the earth shall dwell,
So, fall my sinnes, that all may have their right,
To where they'are bred, and would presse me, to hell.
Impute me righteous, thus purg'd of evill,
For thus I leave the world, the flesh, the devill.

SONNET VI

Voici le dernier acte, et l'aboutissement
Que le Ciel a fixé à mon pèlerinage,
La fin de mon oisif et rapide voyage,
De l'ultime minute et de l'ultime empan;
Et la gloutonne Mort va disjoindre à l'instant
Mon âme de mon corps; je vais dormir un âge,
Mais ma part immortelle espiera ce visage
Dont la crainte déjà fait mes membres tremblants.
Mon âme s'envolant au ciel de sa naissance,
Dans la terre mon corps retournant demeurer,
Que tombent mes péchés pour juste redevance
En leur enfer natif où me voudraient serrer.
Du mal ainsi purgé, ne me tiens plus damnable,
Si renonçant le Monde, et la Chair, et le Diable.

VII

At the round earths imagin'd corners, blow
Your trumpets, Angells, and arise, arise
From death, you numberlesse infinities
Of soules, and to your scattred bodies goe,
All whom the flood did, and fire shall o'erthrow,
All whom warre, dearth, age, agues, tyrannies,
Despaire, law, chance, hath slaine, and you whose eyes,
Shall behold God, and never tast deaths woe.
But let them sleepe, Lord, and mee mourne a space,
For, if above all these, my sinnes abound,
'Tis late to aske abundance of thy grace,
When wee are there; here on this lowly ground,
Teach mee how to repent; for that's as good
As if thou'hadst seal'd my pardon, with thy blood.

SONNET VII

Qu'en tous coins supposés de cette sphère clame
La trompette de l'Ange! Ames, debout, debout!
De la mort surgissez par millions! Partout
Courez joindre vos corps égaillés sous la lame,
Victimes du Déluge ou Promis à la Flamme,
Vous que tuèrent Faim, Guerre, Age, Fièvre, Coups,
Désespoir, Tyrannie, Hasard, ainsi que vous
Qui verrez Dieu sans jamais voir la Mort infâme!
Non; qu'ils dorment, Seigneur, et que je pleure encor.
Si mon propre péché tous leurs péchés balance,
Il sera tard pour que mon regret puisse alors
Ta Grâce balancer. Veuille la repentance
Ici-bas m'enseigner : gage tout aussi bon
Que si ton Sang divin eût scellé mon pardon.

IX

If poysonous mineralls, and if that tree,
Whose fruit threw death on else immortall us,
If lecherous goats, if serpents envious
Cannot be damn'd; Alas; why should I bee?
Why should intent or reason, borne in mee,
Make sinnes, else equall, in mee more heinous?
And mercy being easie, and glorious
To God; in his sterne wrath, why threatens hee?
But who am I, that dare dispute with thee
O God? Oh! of thine onely worthy blood,
And my teares, make a heavenly Lethean flood,
And drowne in it my sinnes blacke memorie;
That thou remember them, some claime as debt,
I thinke it mercy, if thou wilt forget.

SONNET IX

Si les Corps vénéneux, si l'Arbre empoisonné
Par qui l'Homme éternel connut la Mort affreuse,
Si le Serpent jaloux et la Chèvre coureuse
Ne le sont pas, pourquoi devrais-je être damné ?
Pourquoi mon jugement et mon instinct inné
Feraient-ils mon erreur plus qu'une autre odieuse ?
La merci est à Dieu facile et glorieuse ;
Pourquoi son fier courroux est-il vers moi tourné ?
Mais qui suis-je, d'oser ce procès misérable,
O Dieu ? Daigne en les flots d'un céleste Léthé,
Mêlant mes pleurs au sang de ta Divinité,
Noyer de mes péchés la mémoire exécrable !
Si à te souvenir d'aucuns te croient lié,
Je te tiendrai clément de vouloir oublier.

X

Death be not proud, though some have called thee
Mighty and dreadfull, for, thou art not soe,
For, those, whom thou think'st, thou dost overthrow,
Die not, poore death, nor yet canst thou kill mee.
From rest and sleepe, which but thy pictures bee,
Much pleasure, then from thee, much more must flow,
And soonest our best men with thee doe goe,
Rest of their bones, and soules deliverie.
Thou art slave to Fate, Chance, kings, and desperate men,
And dost with poyson, warre, and sicknesse dwell,
And poppie, or charmes can make us sleepe as well,
And better then thy stroake; why swell'st thou then?
One short sleepe past, wee wake eternally,
And death shall be no more; death, thou shalt die.

SONNET X

Sois moins superbe, Mort. Il te faut consentir
Que l'on t'a dite à tort puissante et redoutable;
Car tous ceux que tu crois que ta rigueur accable
Ne meurent pas, et tu ne peux m'anéantir.
Le repos du Sommeil contrefait un plaisir
Que tu nous dois donner bien plus considérable;
Et les meilleurs s'en vont les premiers sous la table,
Dans la paix de leurs os leurs âmes affranchir.
Serve du Sort, des Rois, du Hasard, de Colère,
Tu vis avec le Mal, la Guerre et le Poison;
Et Charmes ou Pavot font sommeil aussi bon
Et meilleur que tes coups. Faut-il donc être fière?
Un court somme, et nos yeux s'ouvriront sur le Port!
Et ce sera ta fin, et la mort de la Mort.

XI

Spit in my face you Jewes, and pierce my side,
Buffet, and scoffe, scourge, and crucifie mee,
For I have sinn'd, and sinn'd, and onely hee,
Who could do no iniquitie, hath dyed:
But by my death can not be satisfied
My sinnes, which passe the Jewes impiety:
They kill'd once an inglorious man, but I
Crucifie him daily, being now glorified.
Oh let mee then, his strange love still admire:
Kings pardon, but he bore our punishment.
And Jacob *came cloth'd in vile harsh attire*
But to supplant, and with gainfull intent:
God cloth'd himselfe in vile mans flesh, that so
Hee might be weake enough to suffer woe.

SONNET XI

Crachez à mon visage, ô Juifs, mon flanc percez,
Frappez, flagellez-moi; que l'on me crucifie :
J'ai péché tant et plus, et seul perdit la vie
Celui qui ne pouvait commettre iniquité.
Mais ma mort ne suffit pour que soient acquittés
Mes péchés, car je suis plus que les Juifs impie :
Ils tuèrent un homme obscur, quand ma furie
Met en croix chaque jour un Dieu glorifié.
Ah! que j'admire encor son étonnante amour :
Si pardonnent les Rois, lui subit notre peine;
Et si Jacob ne vint, vêtu de vils atours,
Que pour mieux usurper, et recherchant aubaine,
Dieu voulut, revêtant notre chair sans honneur,
Devenir faible assez pour souffrir le malheur.

XII

Why are wee by all creatures waited on?
Why doe the prodigall elements supply
Life and food to mee, being more pure then I,
Simple, and further from corruption?
Why brook'st thou, ignorant horse, subjection?
Why dost thou bull, and bore so seelily
Dissemble weaknesse, and by'one mans stroke die,
Whose whole kinde, you might swallow and feed upon?
Weaker I am, woe is mee, and worse then you,
You have not sinn'd, nor need be timorous.
But wonder at a greater wonder, for to us
Created nature doth these things subdue,
But their Creator, whom sin, nor nature tyed,
For us, his Creatures, and his foes, hath dyed.

SONNET XII

Pourquoi des animaux la domestication?
Pourquoi puis-je tirer ma vie et nourriture
D'êtres dont la raison plus que la mienne est pure,
Simples, et mieux gardés contre la corruption?
Pourquoi, Cheval naïf, endurer sujétion?
Pourquoi, Taureau, Verrat, mourir dans l'imposture
De la faiblesse, occis par une créature
Dont vous pourriez paître l'espèce à discrétion?
Je suis, pour mon malheur, plus que vous faible, et pire :
Vous n'avez rien à craindre, ignorant le péché!
Mais oyez la merveille : alors qu'à ces objets
La Nature Créée impose mon empire,
Leur Créateur, exempt de nature et de tort,
Pour moi, sa Créature et son bourreau, est mort.

XIII

What if this present were the worlds last night?
Marke in my heart, O Soule, where thou dost dwell,
The picture of Christ crucified, and tell
Whether that countenance can thee affright,
Teares in his eyes quench the amasing light,
Blood fills his frownes, which from his pierc'd head fell.
And can that tongue adjudge thee unto hell,
Which pray'd forgivenesse for his foes fierce spight?
No, no; but as in my idolatrie
I said to all my profane mistresses,
Beauty, of pitty, foulnesse onely is
A signe of rigour: so I say to thee,
To wicked spirits are horrid shapes assign'd,
This beauteous forme assures a pitious minde.

SONNET XIII

Si jamais cette nuit le monde allait finir ?...
En mon cœur où tu vis, mon âme, vois l'image
Du Christ crucifié, et dis si ce visage
Offre un aspect qui peut de crainte te remplir ?
Les larmes font ses yeux doucement resplendir,
Et n'est aux plis sanglants de son front nulle rage.
Cette langue à l'Enfer te vouerait en partage
Qui priait pour ceux-là qui le faisaient souffrir ?...
Non, non. De même qu'à mes profanes maîtresses
J'enseignais, dans un temps d'idolâtres amours,
Que beauté de bonté, mais que laideur toujours
Est signe de rigueur, aujourd'hui, je professe
Que si le Mal se voit à hideur assigné,
Ce dehors spécieux est signe de pitié.

XIV

Batter my heart, three person'd God; for, you
As yet but knocke, breathe, shine, and seeke to mend:
That I may rise, and stand, o'erthrow mee', and bend
Your force, to breake, blowe, burn and make me new.
I, like an usurpt towne, to'another due,
Labour to'admit you, but Oh, to no end,
Reason your viceroy in mee, mee should defend,
But is captiv'd, and proves weake or untrue.
Yet dearely'I love you,'and would be loved faine,
But am betroth'd unto your enemie:
Divorce mee,'untie, or breake that knot againe,
Take mee to you, imprison mee, for I
Except you'enthrall mee, never shall be free,
Nor ever chast, except you ravish mee.

SONNET XIV

Forcez mon cœur, Trin-un, qui jusqu'ici mon être
Par chocs, souffles, rayons, tentiez de convertir!
Pour que je me relève il faut m'anéantir :
Brisez, rasez, brûlez, et me faites renaître!
Citadelle usurpée, alleu d'un autre maître,
Je tente vainement les portes vous ouvrir;
Raison, votre Légat, me devrait garantir,
Mais captif, tour à tour se montre faible, ou traître.
Et pourtant je vous aime, et voudrais votre amour!
Mais à votre ennemi mon âme s'est promise.
Lâchez, rompez ce nœud, venez à mon secours,
Emparez-vous de moi, ôtez-moi de franchise!
Libre je ne serai que traînant vos boulets;
Non plus chaste jamais que si me violez.

XV

Wilt thou love God, as he thee ! then digest,
My Soule, this wholsome meditation,
How God the Spirit, by Angels waited on
In heaven, doth make his Temple in thy brest.
The Father having begot a Sonne most blest,
And still begetting, (for he ne'r begonne)
Hath deign'd to chuse thee by adoption,
Coheire to'his glory,'and Sabbaths endlesse rest.
And as a robb'd man, which by search doth finde
His stolne stuffe sold, must lose or buy'it againe:
The Sonne of glory came downe, and was slaine,
Us whom he'had made, and Satan stolne, to unbinde.
'Twas much, that man was made like God before,
But, that God should be made like man, much more.

SONNET XV

Tu veux aimer Dieu comme il t'aime ? Alors, digère,
Mon âme, cette salubre méditation :
Comment l'Esprit de Dieu, servi par la légion
Des Anges, dans ton cœur a fait son sanctuaire.
En procréant un Fils, un fils béni, le Père,
Dont n'a fin, puisque n'a début, la création,
T'a fait en l'Éternel, par insigne adoption,
Cohéritier de Gloire et de Paix sabbataire.
Et, comme celui-là qui retrouve à l'encan
Les biens qu'on lui vola les perd ou les rachète,
Çà vint le Fils de Gloire, et paya de sa tête
La rançon de son œuvre usurpé par Satan.
C'était beaucoup que Dieu fît l'Homme à son image ;
Mais que Dieu prît les traits de l'Homme, davantage.

XVII

Since she whom I lov'd hath payd her last debt
To Nature, and to hers, and my good is dead,
And her Soule early into heaven ravished,
Wholly on heavenly things my mind is sett.
Here the admyring her my mind did whett
To seeke thee God; so streames do shew their head;
But though I have found thee, and thou my thirst hast fed,
A holy thirsty dropsy melts mee yett.
But why should I begg more Love, when as thou
Dost wooe my soule for hers; offring all thine:
And dost not only feare least I allow
My Love to Saints and Angels, things divine,
But in thy tender jealosy dost doubt
Least the World, Fleshe, yea Devill putt thee out.

SONNET XVII

Quand celle que j'aimais a sa dette payée
A Nature et aux siens, me laissant dépourvu,
Que, tôt ravie, au Ciel son âme a comparu,
Mon âme est tout entière aux saints objets vouée.
L'admirer ici-bas me fit l'âme aiguisée
A ta quête, mon Dieu, dans son fleuve aperçu;
Mais, bien qu'enfin trouvée, à ta source j'aie bu,
Si me tient une soif hydropique et sacrée.
Mais qu'irais-je implorer plus d'amour, quand le tien,
Près d'elle m'appelant, entier tu me destines ?
Tu crains non seulement que je n'offre le mien
Aux Anges et aux Saints, créatures divines,
Mais ton amour jaloux s'effraie d'un abandon
Qui me vouerait au Monde, à la Chair, au Démon.

XVIII

Show me deare Christ, thy spouse, so bright and clear.
What! is it She, which on the other shore
Goes richly painted? or which rob'd and tore
Laments and mournes in Germany and here?
Sleepes she a thousand, then peepes up one yeare?
Is she selfe truth and errs? now new, now outwore?
Doth she, and did she, and shall she evermore
On one, on seaven, or on no hill appeare?
Dwells she with us, or like adventuring knights
First travaile we to seeke and then make Love?
Betray kind husband thy spouse to our sights,
And let myne amorous soule court thy mild Dove,
Who is most trew, and pleasing to thee, then
When she'is embrac'd and open to most men.

SONNET XVIII

O mon Christ, montre-moi, claire, ton épousée!
Est-ce celle qu'on voit au français horizon
Richement peinte? ou bien la pauvresse en haillons
Qu'on voit en Allemagne ou chez nous, éplorée?
Pour mille ans de sommeil veille-t-elle une année,
Erreur ou Vérité, neuve ou dans l'abandon?
Fut-elle, est-elle, ou sera-t-elle sur un mont,
Sur sept ou sur aucun, quelque jour érigée?
Est-elle parmi nous? ou cherchons-nous l'Amour
En hardis chevaliers à qui la peine incombe?
Tendre époux, montre-nous ton Épouse au grand jour;
Et laisse-moi chérir ta suave colombe,
A tes yeux plus fidèle et plus pleine d'appas
Lorsqu'aux hommes en foule elle entr'ouvre ses bras.

XIX

Oh, to vex me, contraryes meet in one:
Inconstancy unnaturally hath begott
A constant habit; that when I would not
I change in vowes, and in devotione.
As humorous is my contritione
As my prophane Love, and as soone forgott:
As ridlingly distemper'd, cold and hott,
As praying, as mute; as infinite, as none.
I durst not view heaven yesterday; and to day
In prayers, and flattering speaches I court God:
To morrow I quake with true feare of his rod.
So my devout fitts come and go away
Like a fantastique Ague: save that here
Those are my best dayes, when I shake with feare.

SONNET XIX

Ah! pour me tourmenter se liguent les contraires :
L'inconstance au défi de Nature a formé
Un usage constant qui fait, contre son gré,
Qu'en ma dévotion et mes vœux je diffère.
Car mon profane amour n'est point plus éphémère
Que n'est mon repentir, ni plus tôt oublié,
Excessif comme lui, torride ou bien glacé,
Néant ou infini, muet ou en prière.
Le Ciel n'osais hier regarder; aujourd'hui
J'use pour prier Dieu de flatteuses formules;
Demain je tremblerai, redoutant sa férule;
Et ce dévot transport qui me vient et me fuit
Au cours capricieux d'une fièvre ressemble,
Mais mes bons jours sont ceux où de crainte je tremble.

GOODFRIDAY, 1613
RIDING WESTWARD

Let mans Soule be a Spheare, and then, in this,
The intelligence that moves, devotion is,
And as the other Spheares, by being growne
Subject to forraigne motions, lose their owne,
And being by others hurried every day,
Scarce in a yeare their naturall forme obey:
Pleasure or businesse, so, our Soules admit
For their first mover, and are whirld by it.
Hence is't, that I am carryed towards the West
This day, when my Soules forme bends toward the East.
There I should see a Sunne, by rising set,
And by that setting endlesse day beget;
But that Christ on this Crosse, did rise and fall,
Sinne had eternally benighted all.
Yet dare I'almost be glad, I do not see
That spectacle of too much weight for mee.
Who sees Gods face, that is selfe life, must dye;
What a death were it then to see God dye?
It made his owne Lieutenant Nature shrinke,
It made his footstoole crack, and the Sunne winke.
Could I behold those hands which span the Poles,
And turne all spheares at once, peirc'd with those holes?
Could I behold that endlesse height which is
Zenith to us, and our Antipodes,
Humbled below us? or that blood which is
The seat of all our Soules, if not of his,
Made durt of dust, or that flesh which was worne
By God, for his apparell, rag'd, and torne?
If on these things I durst not looke, durst I
Upon his miserable mother cast mine eye,

VENDREDI SAINT 1613
LA CHEVAUCHÉE VERS L'OUEST

Si l'âme est une sphère, et la dévotion
Est de son mouvement la source et la raison,
Comme toute autre sphère à qui force étrangère
Vient imposer sa loi perd sa course première
Et, par d'autres vouloirs distraite jour et nuit,
Son penchant naturel même un jour l'an ne suit,
Ainsi plaisirs, travaux, que nos âmes connaissent
Pour leurs moteurs premiers, les entraînent sans cesse.
De là vient que je suis emporté vers l'Ouest
En ce jour où mon âme inclinerait vers l'Est.
J'y verrais un soleil qui, se couchant, se lève,
Et fait, par ce coucher, un jour qui ne s'achève :
Sans le Christ sur la Croix levé, puis descendu,
Le péché, nuit sans fin, sur le monde aurait chu.
J'ose presque être heureux, pourtant, que cette vue
Trop pesante pour moi ne me soit point connue :
Voir la face de Dieu, vie en soi, fait périr;
Quelle mort fût-ce donc que de voir Dieu mourir ?
Son Lieutenant Nature en recula; la terre
Sous lui craqua; les yeux du soleil en clignèrent.
Dans ces mains dont l'empan tient les pôles, d'un coup
Les Sphères accordant, pourrais-je voir ces trous ?
Pourrais-je voir plus bas que nous humiliée
La Sublime Grandeur qui nous est Apogée
Et Nadir à la fois ? Ce sang pourrais-je voir,
Qui de toute âme, fors la sienne, est reposoir,
Changé en boue, et cette chair qui fut portée
Par Dieu, qui la vêtit, rompue et déchirée ?
Si je n'ose point voir ces choses, puis-je oser
Vers sa Mère éperdue, alors, mes yeux tourner,

Who was Gods partner here, and furnish'd thus
Halfe of that Sacrifice, which ransom'd us?
Though these things, as I ride, be from mine eye,
They'are present yet unto my memory,
For that looks towards them; and thou look'st towards mee,
O Saviour, as thou hang'st upon the tree;
I turne my backe to thee, but to receive
Corrections, till thy mercies bid thee leave.
O thinke mee worth thine anger, punish mee,
Burne off my rusts, and my deformity,
Restore thine Image, so much, by thy grace,
That thou may'st know mee, and I'll turne my face.

Qui pour notre rançon de Dieu se fit complice
Et fournit la moitié du divin Sacrifice?
S'il est loin de mes yeux, quand je chevauche ainsi,
Ce spectacle est pourtant présent à mon esprit
Qui se tourne vers lui comme toi vers moi-même,
O Sauveur, de cet arbre où tu pends; et si même
Je te tourne le dos, c'est pour être puni
Tant que tu ne feras point trêve en ta merci.
Frappe-moi; juge-moi digne de ta colère;
Brûle mon chancre et ma laideur, pour me refaire
A ton image; et quand ta grâce m'aura fait
Reconnaissable, alors je me retournerai.

A HYMNE TO CHRIST,

at the Authors last going into Germany.

In what torne ship soever I embarke,
That ship shall be my embleme of thy Arke;
What sea soever swallow mee, that flood
Shall be to mee an embleme of thy blood;
Though thou with clouds of anger do disguise
Thy face; yet through that maske I know those eyes,
Which, though they turne away sometimes,
They never will despise.

I sacrifice this Iland unto thee,
And all whom I lov'd there, and who lov'd mee;
When I have put our seas twixt them and mee,
Put thou thy sea betwix my sinnes and thee.
As the trees sap doth seeke the root below
In winter, in my winter now I goe,
Where none but thee, th'Eternall root
Of true Love I may know.

Nor thou nor thy religion dost controule,
The amorousnesse of an harmonious Soule,
But thou would'st have that love thy selfe: As thou
Art jealous, Lord, so I am jealous now,
Thou lov'st not, till from loving more, thou free
My soule: Who ever gives, takes libertie:
O, if thou car'st not whom I love
Alas, thou lov'st not mee.

Seale then this bill of my Divorce to All,
On whom those fainter beames of love did fall;

HYMNE AU CHRIST

pour le dernier voyage de l'auteur en Allemagne.

Quelle que soit la nef rompue où je m'embarque,
De ton Arche pour moi elle sera la marque;
Si je suis englouti, quel que soit l'océan,
Son flot sera pour moi l'emblème de ton sang.
Qu'un masque de courroux déguise ton visage :
Tes yeux je reconnais à travers ce nuage,
Qui, s'ils sont parfois détournés,
Ne méprisent jamais.

Cette Ile te sera par moi sacrifiée,
Et tous ceux que j'aimais ici, et qui m'aimaient;
Et quand entre eux et moi notre mer j'aurai mis
Mets entre mes péchés et toi ta mer aussi.
Comme vers la racine en hiver se retire
La sève, en mon hiver c'est toi seul que j'aspire,
Racine éternelle d'amour,
A retrouver ce jour.

Quand ta religion d'âmes harmonieuses
Ne régit plus que toi les flammes amoureuses,
Tu voudrais leur amour pour toi; tu es jaloux,
Seigneur, mais je le suis aussi; ce n'est beaucoup
M'aimer si de l'amour tu n'affranchis mon âme :
Qui donne liberté ce faisant la réclame.
Si peu te chaut qui j'aime, hélas,
Tu ne m'aimes donc pas.

Avec tous ces objets scelle donc ma rupture,
Où rayonnaient d'Amour les flammes les moins pures :

Marry those loves, which in youth scattered bee
On Fame, Wit, Hopes (false mistresses) to thee.
Churches are best for Prayer, that have least light:
To see God only, I goe out of sight:
  And to scape stormy dayes, I chuse
    An Everlasting night.

Sois l'époux des amours que jeunesse répand
Sur Gloire, Espoirs, Esprit, qui trompent leurs amants.
Mieux vaut pour y prier l'église la plus sombre;
Pour ne voir plus que Dieu je veux rentrer dans l'ombre;
Pour fuir l'orage, je choisis
Une éternelle nuit.

HYMNE TO GOD MY GOD, IN MY SICKNESSE

Since I am comming to that Holy roome,
Where, with thy Quire of Saints for evermore,
I shall be made thy Musique; As I come
I tune the Instrument here at the dore,
And what I must doe then, thinke here before.

Whilst my Physitians by their love are growne
Cosmographers, and I their Mapp, who lie
Flat on this bed, that by them may be showne
That this is my South-west discoverie
Per fretum febris, *by these streights to die,*

I joy, that in these straits, I see my West;
For, though theire currants yeeld returne to none,
What shall my West hurt me? As West and East
In all flatt Maps (and I am one) are one,
So death doth touch the Resurrection.

Is the Pacifique Sea my home? Or are
The Easterne riches? Is Jerusalem?
Anyan, *and* Magellan, *and* Gibraltare,
All streights, and none but streights, are wayes to them,
Whether where Japhet *dwelt, or* Cham, *or* Sem.

We thinke that Paradise *and* Calvarie,
Christs *Crosse, and* Adams *tree, stood in one place;*
Looke Lord, and finde both Adams *met in me;*
As the first Adams *sweat surrounds my face,*
May the last Adams *blood my soule embrace.*

HYMNE AU SEIGNEUR MON DIEU DANS MA MALADIE

Puisque j'approche enfin de la Chambre Sacrée
Où, dans ton Chœur de Saints à tout jamais admis,
Je serai devenu ton Cantique, à l'entrée
J'accorde l'instrument ici, sur le Parvis,
Et sur ce qui m'attend déjà je réfléchis.

Tandis que mes Docteurs, que leur sollicitude
En Cosmographes mue, et qui me voient gésir
Sur ce lit comme Carte, épuisent leur étude
A prouver que je vais mon Suroît découvrir,
Soit, per fretum febris, en ces Détroits mourir,

Me plaît en ces Détroits voir mon Couchant paraître :
Si leurs courants jamais nul n'a repris à mont,
Quels périls mon Couchant me ferait-il connaître ?
Comme tout Planisphère (et j'en suis un) confond
L'Est et l'Ouest, la Mort joint la Résurrection.

Où donc est ma demeure ? En la mer Pacifique,
Dans le riche Orient, ou dans Jérusalem ?
Anyan, Magellan, ou la Porte d'Afrique,
Détroits, rien que détroits, mènent ad requiem,
Que ce soit où vécut Japhet, ou Cham, ou Sem.

On croit qu'en même lieu l'Eden et le Calvaire,
La Croix du Christ, l'Arbre d'Adam, furent placés.
Vois, Maître ! en moi les deux Adams se rencontrèrent :
Si la sueur d'Adam couvre mon front glacé,
Que son sang tienne aussi mon esprit embrassé.

So, in his purple wrapp'd receive mee Lord,
By these his thornes give me his other Crowne;
And as to others soules I preach'd thy word,
Be this my Text, my Sermon to mine owne,
Therfore that he may raise the Lord throws down.

De sa couronne claire et de sa pourpre étole,
Par l'Épine consens, Seigneur, à m'investir;
Et, comme j'ai prêché aux autres ta Parole,
Pour moi-même je veux ce Texte retenir :
Que Dieu ne nous abat que pour nous mieux grandir.

To Mr George Herbert,
with one of my Seal‹s›,

OF THE ANCHOR AND CHRIST.

A Sheafe of Snakes used heretofore to be
My Seal, The Crest of our poore Family.
Adopted in Gods Family, and so
Our old Coat lost, unto new armes I go.
The Crosse (my seal at Baptism) spred below,
Does, by that form, into an Anchor grow.
Crosses grow Anchors; Bear, as thou shouldst do
Thy Crosse, and that Crosse grows an Anchor too.
But he that makes our Crosses Anchors thus,
Is Christ, who there is crucifi'd for us.
Yet may I, with this, my first Serpents hold,
God gives new blessings, and yet leaves the old;
The Serpent, may, as wise, my pattern be;
My poison, as he feeds on dust, that's me.
And as he rounds the Eearth to murder sure,
My death he is, but on the Crosse, my cure.
Crucifie nature then, and then implore
All Grace from him, crucified there before;
When all is Crosse, and that Crosse Anchor grown,
This Seal's a Catechism, not a Seal alone.
Under that little Seal great gifts I send,
(Wishes,) and prayers, pawns, and fruits of a friend.
And may that Saint which rides in our great Seal,
To you, who bear his name, great bounties deal.

Ce texte est la version anglaise, due à Donne lui-même, d'un de ses poèmes latins (N. d. T.)

A Mr. George Herbert
avec un de mes sceaux :

DE L'ANCRE ET DU CHRIST

Un faisceau de Serpents, dont l'un l'autre entortille,
Était mon Sceau, le Chef de notre humble famille.
Mais de Dieu maintenant admis dans la Maison,
J'ai changé mon Mantel pour un nouveau Giron.
La Croix, sceau du Baptême, au-dessous étendue,
Est par ce changement une Ancre devenue.
Ancres naissent de Croix. Porte ta Croix ainsi
Que tu le dois, elle sera ton Ancre aussi.
Mais Celui qui les Croix en Ancres transfigure
Est le Christ, qui pour nous y subit la torture.
Il m'est pourtant permis d'y garder mes Serpents :
Dieu ne fait qu'ajouter à ses anciens présents.
Le Serpent peut fort bien demeurer mon emblème :
Mon poison, paissant la poussière, c'est moi-même;
Quand il parcourt la Terre, à tuer résolu,
Il est ma mort, mais sur cette Croix mon salut.
Mets la Nature en Croix, et viens en cette place
Du Grand Crucifié implorer toute grâce.
Quand tout est Croix, et la Croix Ancre devenant,
Ce Sceau est catéchisme, et non sceau seulement.
Dessous ce petit sceau j'envoie de grands hommages :
De l'amitié les vœux, les fruits, prières, gages;
Et puisse le Grand Saint dont tu portes le nom
Et qui amble au Grand Sceau te combler de ses dons!

Le domaine anglo-saxon dans Poésie/Gallimard

Emily BRONTË. *Poèmes (1836-1846).* Présentation, choix et traduction de Pierre Leyris. Édition bilingue.

Elizabeth BROWNING. *Sonnets portugais* et autres poèmes. Présentation et traduction de Lauraine Jungelson. Édition bilingue.

Emily DICKINSON. *Quatrains et autres poèmes brefs.* Présentation et traduction de Claire Malroux. Édition bilingue.

John DONNE. *Poèmes.* Préface de Jean-Roger Poisson. Traduction de Jean Fuzier et Yves Denis. Édition bilingue.

William FAULKNER. *Le Faune de marbre. Un rameau vert.* Traductions de René-Noël Raimbault et Alain Suied. Postface de Michel Gresset.

John KEATS. *Poèmes et poésies.* Édition présentée et annotée par Marc Porée. Choix et traduction de Paul Gallimard.

David Herbert LAWRENCE. *Poèmes.* Présentation, choix et traduction de Lorand Gaspar et Sarah Clair. Édition bilingue.

Herman MELVILLE. *Poèmes de guerre* suivis d'un *Supplément.* Présentation et traductions de Pierre Leyris et Philippe Jaworski. Édition bilingue.

John MILTON. *Le Paradis perdu.* Édition présentée et annotée par Robert Ellrodt. Traduction de Chateaubriand.

Sylvia PLATH. *Arbres d'hiver* précédé de *La Traversée.* Présentation de Sylvie Doizelet. Traductions de Françoise Morvan et Valérie Rouzeau. Édition bilingue.

Edgar Allan POE. *Poèmes* suivis de *La Genèse d'un poème.* Préface de Jean-Louis Curtis. Traductions de Stéphane Mallarmé et Charles Baudelaire.

William SHAKESPEARE. *Sonnets.* Préface et traduction de Pierre Jean Jouve.

Dylan THOMAS. *Vision et Prière* et autres poèmes. Présentation et traduction d'Alain Suied.

Walt WHITMAN. *Poèmes. Feuilles d'herbe.* Traductions de Louis Fabulet, André Gide, Jules Laforgue, Valery Larbaud, Jean Schlumberger et Francis Vielé-Griffin. Postface de Valery Larbaud.

William WORDSWORTH. *Poèmes*. Présentation, choix et traduction de François-René Daillie. Édition bilingue.

William Butler YEATS. *Quarante-cinq poèmes* suivis de *La Résurrection.* Préface, choix et traduction d'Yves Bonnefoy. Édition bilingue.

Fleuve profond, sombre rivière. Les «Negro Spirituals». Présentation et traduction de Marguerite Yourcenar.

DERNIÈRES PARUTIONS

285.	Omar Khayam	*Rubayat.*
286.	Agrippa d'Aubigné	*Les Tragiques.*
287.	Jean Cassou	*Trente-trois sonnets composés au secret.*
288.	***	*La planche de vivre.*
289.	Pierre Jean Jouve	*Dans les années profondes.*
290.	John Milton	*Le Paradis perdu.*
291.	Pablo Neruda	*La Centaine d'amour.*
292.	Yves Bonnefoy	*Ce qui fut sans lumière.*
293.	Pier Paolo Pasolini	*Poèmes de jeunesse.*
294.	Jacques Audiberti	*Ange aux entrailles.*
295.	Henri Pichette	*Apoèmes.*
296.	Stéphane Mallarmé	*Vers de circonstance.*
297.	John Keats	*Poèmes et poésies.*
298.	Paul Claudel	*Cent phrases pour éventails.*
299.	Louis Calaferte	*Rag-time.*
300.	André Breton	*Poisson soluble.*
301.	David Herbert Lawrence	*Poèmes.*
302.	***	*Les Poètes du Chat Noir.*
303.	Joachim Du Bellay	*Divers Jeux rustiques.*
304.	Juvénal	*Satires.*
305.	Odysseus Elytis	*Axion Esti.*
306.	Nuno Júdice	*Un chant dans l'épaisseur du temps.*
307.	Pentti Holappa	*Les Mots longs.*
308.	Max Elskamp	*La Chanson de la rue Saint-Paul.*
309.	***	*Anthologie de la poésie religieuse française.*
310.	René Char	*En trente-trois morceaux.*

311. Friedrich Nietzsche — *Poèmes. Dithyrambes pour Dionysos.*
312. Daniel Boulanger — *Les Dessous du ciel.*
313. Yves Bonnefoy — *La Vie errante. Remarques sur le dessin.*
314. Jean de la Croix — *Nuit obscure. Cantique spirituel.*
315. Saint-Pol-Roux — *La Rose et les Épines du chemin.*
316. *** — *Anthologie de la poésie française du XVIIIe siècle.*
317. Philippe Jaccottet — *Paysages avec figures absentes.*
318. Heinrich Heine — *Nouveaux poèmes.*
319. Henri Michaux — *L'Espace du dedans.*
320. Pablo Neruda — *Vingt poèmes d'amour. Les vers du capitaine.*
321. José Ángel Valente — *Trois leçons de ténèbres.*
322. Yves Bonnefoy — *L'Arrière-pays.*
323. André du Bouchet — *L'ajour.*
324. André Hardellet — *La Cité Montgol.*
325. António Ramos Rosa — *Le cycle du cheval.*
326. Paul Celan — *Choix de poèmes.*
327. Nâzim Hikmet — *Il neige dans la nuit.*
328. René Char — *Commune présence.*
329. Gaston Miron — *L'homme rapaillé.*
330. André Breton — *Signe ascendant.*
331. Michel Deguy — *Gisants.*
332. Jean Genet — *Le condamné à mort.*
333. O. V. de L. Milosz — *La Berline arrêtée dans la nuit.*
334. *** — *Anthologie du sonnet français de Marot à Malherbe.*
335. Jean Racine — *Cantiques spirituels.*
336. Jean-Pierre Duprey — *Derrière son double.*
337. Paul Claudel — *Bréviaire poétique.*
338. Marina Tsvétaïéva — *Le ciel brûle* suivi de *Tentative de jalousie.*
339. Sylvia Plath — *Arbres d'hiver* précédé de *La Traversée.*
340. Jacques Dupin — *Le corps clairvoyant.*
341. Vladimír Holan — *Une nuit avec Hamlet.*
342. Pierre Reverdy — *Main d'œuvre.*
343. Mahmoud Darwich — *La terre nous est étroite.*
344. *** — *Anthologie de la poésie française du XXe siècle,* I.

345. *** — *Anthologie de la poésie française du xxe siècle*, II.
346. Pierre Oster — *Paysage du Tout.*
347. Édouard Glissant — *Pays rêvé, pays réel.*
348. Emily Dickinson — *Quatrains* et autres poèmes brefs.
349. Henri Michaux — *Qui je fus* précédé de *Les Rêves et la Jambe* et autres textes.
350. Guy Goffette — *Éloge pour une cuisine de province* suivi de *La vie promise.*
351. Paul Valéry — *Poésie perdue.*
352. *** — *Anthologie de la poésie yiddish.*
353. *** — *Anthologie de la poésie grecque contemporaine.*
354. Yannis Ritsos — *Le mur dans le miroir* et autres poèmes.
355. Jean-Pierre Verheggen — *Ridiculum vitae* précédé de *Artaud Rimbur.*
356. André Velter — *L'Arbre-Seul.*
357. Guillevic — *Art poétique* précédé de *Paroi* et suivi de *Le Chant.*
358. Jacques Réda — *Hors les murs.*
359. William Wordsworth — *Poèmes.*
360. Christian Bobin — *L'Enchantement simple* suivi de *Le Huitième Jour de la semaine, Le Colporteur, L'Éloignement du monde.*
361. Henry J.-M. Levet — *Cartes Postales.*
362. Denis Roche — *Éros énergumène.*
363. Georges Schehadé — *Les Poésies*, édition augmentée du *Nageur d'un seul amour.*
364. Ghérasim Luca — *Héros-Limite* suivi de *Le Chant de la carpe* et de *Paralipomènes.*
365. Charles d'Orléans — *En la forêt de longue attente* et autres poèmes.
366. Jacques Roubaud — *Quelque chose noir.*

Ce volume,
le deux cent cinquante-septième
de la collection Poésie,
a été achevé d'imprimer sur les presses
de l'imprimerie Bussière à Saint-Amand (Cher),
le 21 décembre 2001.
Dépôt légal : décembre 2001.
1er dépôt légal dans la collection : décembre 1991.
Numéro d'imprimeur : 17407.
ISBN 2-07-032671-3./Imprimé en France.

10545